Dr. Monika Kröninger

Anleitung zum

Selbst-Channeling

Alle Antworten sind in Dir

RiWei
Verlag -GmbH

1. Auflage Dezember 2013

Gesamtherstellung: RiWei-Verlag GmbH
Umschlaggestaltung: Peter Walla
Satz: Carina Wissel

Baierner Weg 4
93138 Hainsacker

Tel.	0941 / 799 45 70
Fax.	0941 / 799 45 72
eMail:	info@riwei-verlag.de
Homepage:	www.riwei-verlag.de
Forum:	www.wuwei-shop.de/forum
TV-Sender:	www.riwei.tv

ISBN 978-3-89758-355-9

Inhalt:

Einführung **4**

Mein Um-Weg **7**

Was ist Channeling mit sich selbst? **10**

Was ist mein Ich-Selbst? **12**

Der große und der kleine Selbstfindungstrip **17**

Die sieben hermetischen Regeln der Affirmation **21**

1. Das Prinzip der Geistigkeit: 22
2. Das Prinzip der Analogie (Entsprechung): 22
3. Das Prinzip der Polarität: 22
4. Das Prinzip der Schwingung: 22
5. Das Prinzip des Rhythmus: 22
6. Das Prinzip der Kausalität (Ursache und Wirkung): 22
7. Das Prinzip des Geschlechts: 22

ES ist mehr! **31**

Positive und negative Energien **37**

Selbst-Gespräche **52**

Gleichmut 52
Selbstachtung 59
Loslassen 66
Eigenwert 72
Annehmen 76
Vertrauen 92
Entscheidungsfreiheit 97

Wie spreche ich mit mir Selbst? **103**

Einführung

Wie geht es dir? Über zwei Ecken hörte ich, dass eine Bekannte mich nicht mehr anrufen will, da ich ihr zu viel jammern würde. Dann frag mich halt einfach nicht, wie ES mir geht! Obwohl ich zugeben muss, dass ich mir auch schon oft gewünscht habe, diese Frage besser nicht gestellt zu haben. Aber zum Glück behalten die meisten anderen Menschen das ES und seinen Gang für sich.

Was ist aber eigentlich dieses ES, das geht oder nicht geht? Das Leben? Geht das Leben? Manchmal habe ich das Gefühl, es verirrt sich etwas, vor, zurück, links, rechts. Ankommen tut es: am Ende, egal wie und wo. Für ES ist es egal, für mich aber nicht. Wenn mich auf meinem Lebensweg der Schuh drückt, dann sage ich das auch! Aua!

Also gut, nehmen wir an, ES wäre das Leben. Dann würde ich gerne nett, locker, leicht und fröhlich durch ES spazieren. Ich mag nicht Bergsteigen, weil ich Höhenangst habe und zu viel schnaufen muss, da mir jede Zigarette, die ich in meinem Leben geraucht habe, ein Wanderliedchen pfeift. Und weil, wenn man oben ist, man auch wieder runter muss. Ganz schlecht. Wenn ich am Ende meiner Reise bin, möchte ich es bitte nicht mitbekommen. Dazwischen keine Steine, über die ich stolpern und mir dann vielleicht weh tun könnte. Ja, sichere Wege! Bloß nicht ausrutschen! Am Ende komm ich dann nicht mehr hoch oder muss bis zum Schluss humpeln.

Dann möchte ich große auffällige Schilder, die sagen: Achtung, wenn Sie hier abbiegen, kommen Sie nach Tränenbach. Und ich möchte eindeutige Hinweise auf Sumpflandschaften, in denen ich vielleicht stecken bleiben könnte. Und keine Hindernisse – bin doch kein Hürdenläufer! Nein, und keine Schlachtfelder, nur schöne, harmonische Landschaften. Dann soll es nicht zu heiß und nicht zu kalt sein. Nur liebe Menschen. Ich kann ja verstehen, dass sich auch einige auf den Weg machen, die jetzt nicht gerade mein Fall sind bzw. zuerst schon, dann aber nicht mehr.... Aber die könnten doch ein Schildchen bekommen: Ver Impossible Person! Ist das alles zu viel verlangt? Fast jeder Reiseveranstalter drückt einem, neben Werbung in eigener Sache, auch jede Menge Infomaterial

zu Land und Leute in die Hand: do´s and don´ts.... Die VIPs bekommen zwar kein Schildchen um (wäre aber bei manchen Reisegruppen empfehlenswert, damit man den Deppen gleich aus dem Weg gehen kann), aber die Schildchensache läuft, zumindest bei den meisten Veranstaltern, schon ganz gut. Und falls die Mist bauen, bekommt man sein Geld zurück. Warum ist ES nicht so? Weil man nicht das ganze Jahr Urlaub haben kann? O.k., ich wäre bereit, auf diesem Weg auch was zu tun. Ich brauche ja doch etwas zum Essen und muss auch schlafen. ES sollte aber Spaß machen und nicht zu anstrengend sein. Rumkommandiert will ich auch nicht werden – das geht nicht!
Falls ich mal krank werden sollte – was eigentlich gar nicht sein dürfte – dann muss ein netter Onkel Doktor „Heile, Heile Segen“ machen und mir sagen, dass ich gleich wieder gesund bin. Heute soll ich mich noch ein wenig ausruhen und morgen geht ES dann weiter. Sollte ich nicht wissen *wie* oder sollte ich mich doch irgendwo verlaufen, dann hätte ich gerne jemanden, der mir sagt, wie ES weitergeht. Und zwar laut und deutlich. Am besten von dem, der die ganze Reise geplant hat. Aber so ist ES nun mal. Der Chef erwartet, dass man weiß, was man zu tun hat. Und die anderen aus der oberen Etage bleiben auch unsichtbar. Man könnte auch andere Wanderer fragen. Die Antworten lassen allerdings vermuten, dass manche die Orientierung im Leben auch etwas verloren haben… Die Landkarten, die angeblich den rechten Weg zeigen, sind wie sie sind: entweder es fehlt genau der Teil, den man gerade braucht oder man findet erst gar nicht seinen genauen Standort. Ganz schlimm, wenn man sie verkehrt herum hält. Wo ist eigentlich Norden?
Manche schließen sich Pfadfindergruppen an. Das ist allerdings nichts für mich. Ich steh nicht so auf den Einheitslook. Es gab auch echte Pioniere, die hinterlassen haben, *wie* und *wo* ES lang geht. Also, einfach ihnen folgen? Haben Sie sich schon mal den Weg erklären lassen, von jemandem, der von jemandem gehört hat, wie er gehen sollte, und der wiederum von jemand anderem usw.?
Wenn Sie dieses Gefühl von Orientierungslosigkeit in Ihrem Leben auch des Öfteren erlebt haben, könnte das Selbstchanneling für Sie eine Unterstützung sein, Antworten auf Ihre Fragen zu finden. In diesem Buch

möchte ich Ihnen meinen mehr oder weniger abenteuerlichen Weg beschreiben, wie ich zum Selbstchanneling und letztendlich zu *mir* gekommen bin. Bevor ich dann zum anschließenden Praxisteil komme, erkläre ich einige spirituelle Prinzipien, wie die sieben hermetischen Regeln oder die Wechselwirkung von positiven und negativen Energien, die meines Erachtens wichtig sind, um das Selbstchanneling wirksam anzuwenden. Wenn Sie es allerdings ganz eilig haben – was ich absolut verstehen kann – können Sie auch sofort das letzte Kapitel aufschlagen und gleich loslegen.

Mein Um-Weg

Ich könnte jetzt einfach mal ganz laut rufen: „Hilfe! Wo bin ich hier? Wie bin ich hierhergekommen? Wie komme ich da bitte wieder raus?" Mit dem Ruf soll es aber gerade anders laufen: er soll einen rufen... Ich sehe gerade Whoopi Goldberg als Nonne in dem Film „Sister Act" und ihr Gesicht vor mir, als sie von einer der Schwestern gefragt wird, wann sie denn der Ruf ereilt hätte. In meinem Fall könnte ich da mit „vor ungefähr 20 Jahren" antworten. Obwohl ich damals nicht zum Sprechen aufgelegt war und meine Ohren sich etwas taub anfühlten... Ich hatte wieder mal einen schrecklichen Hangover. Am Abend zuvor hatte ich zu viel getrunken und vor allem zu viele Zigaretten geraucht. Am nächsten Tag war ich zu einem befreundeten Pärchen zum Mittagessen eingeladen, die man *normalerweise* als ein wenig plemplem bezeichnen würde: Sie hatte ihren gutbezahlten Job sausen lassen. Er hatte lange Haare und arbeitete auch nicht mehr. Dann aßen sie kein Fleisch und redeten von Schwingungen und Energien. Und sie schmissen sich irgendwelche Globulis ein. Das taten sie auch mit mir. Ich muss zugeben, die Kügelchen haben nicht sonderlich geholfen. Das gute alte Aspirin wäre mir damals lieber gewesen. Aber das ist für einen echten Schwingungsfreak so was wie der Antichrist. Warum die Mittelchen nicht wirken konnten, erfuhr ich erst bei einem Homöopathiekurs 20 Jahre später. Globulis arbeiten zunächst auf der geistigen und dann erst auf der körperlichen Ebene. Mein Geist hatte sich damals von mir verabschiedet und auch mein Körper fühlte sich an, als ob er nichts mehr mit mir zu tun haben wollte. Und ich wollte nur eins, dass ES mir bald wieder besser ginge und nie wieder so....

In mir fand das Pärchen also ein dankbares und vor allem wehrloses Opfer für ihre esoterischen Theorien. Der Blick in den Badezimmerspiegel bestätigte die These „wie innen, so auch außen". Einleuchtend waren auch ihre Ausführungen zu „wie oben, so auch unten". Eine derartige Differenzierung gab es bei mir nicht mehr... Aber dazu mehr im sechsten Kapitel über die hermetischen Prinzipien.

Seit diesem Nachmittag kann ich wirklich sagen, dass das Sprichwort stimmt: „Wenn du glaubst, es geht nicht mehr, kommt von irgendwo ein Lichtlein her!" Sie hatten tatsächlich viele Kerzen angezündet. Auch Räucherstäbchen. Diese und der an diesem Tag servierte überbackene Fenchel haben mich gelehrt, was es heißt, den Teufel mit dem Beelzebub auszutreiben. Noch heute überkommt mich ein sonderbares Gefühl, wenn ich Fenchel und eine bestimmte Sorte Räucherstäbchen rieche. Beidem begegne ich nicht mehr so unvoreingenommen wie bis vor jenem denkwürdigen Tag.
Wenn Sie jetzt nicht hören möchten, dass ich nie wieder über die Stränge geschlagen hätte, enttäusche ich sie nicht. Aber die beiden haben etwas in mir verändert: Nach diesem Tag habe ich es geschafft, ein Jahr lang nicht mehr zu rauchen. Ich ernährte mich vegetarisch und nahm ab. Und ich habe angefangen, zu suchen. Das Problem war nur, ich wusste eigentlich nicht so genau *was*. Spirituelles Wachstum? Egal, ich machte mich auf einen neuen Weg – den Weg namens „Ich weiß nicht so genau wohin". Heute würde ich meine ersten Schritte eher als eine esoh sterische Wanderung bezeichnen.
In einigen Büchern habe ich schon gelesen, *wie* und dass wir uns das Leben unnötig schwer machen würden – aber ich habe nicht so ganz verstanden, wie es mit dem leicht machen geht. Meditieren soll ja gut sein. Also erwarb ich ein Buch über die richtige Meditationshaltung. Empfohlen wurde hier das sogenannten „Saßen" – nein nicht sitzen, sondern „saßen"… Ich übte mich also im Saßen, was so viel bedeutet wie sich hinknien und sich dann auf die Unterschenkel setzen. Wenn man das dann 30 Minuten oder länger schafft, wäre man schon ein Stückchen weiter auf der Eso-Leiter. Ich bin so allerdings nicht aufgestiegen… Ich konnte nach einer Minute nicht einmal mehr aufstehen, sondern musste mich auf die Seite plumpsen lassen. Und dort bin ich dann auch eine Zeit lang ungesaßt verharrt.
Wenn ich heute meditiere, dann nur im Liegen. Ich tu es aber nicht sehr oft, eher sehr wenig. Ich weiß, es hilft den Geist zu beruhigen. Aber meiner findet das meistens ein wenig langweilig… Während sogenannter geführter Meditationen höre ich nach einiger Zeit nicht mehr die Stimme

des Sprechers, sondern mich auf einmal schnarchen. Ich habe dann einen trockenen Mund und vor allem Durst. Meditationen, in denen man sich eine Kerze oder Ähnliches vorstellen soll, funktionieren meist auch nicht, weil eine Seite in mir die Kerze anzündet und die andere sie wieder ausbläst. Ich war ganz glücklich, als ich in dem Buch „Upasana. Das gute Gefühl" folgende Aussage des indischen Yogalehrers Sukumar gelesen habe: "Wenn du meditierst, bist du in der spirituellen Welt und wenn du den Alltag lebst, dann bist du draußen. Du tauchst ein in die spirituelle Welt, weil es schön und angenehm ist – und das kann zu einer Abwehr gegen die reale Welt führen. So verkehrt sich die Spiritualität in Weltflucht". Und vor der Welt flüchten will ich doch auf keinen Fall - oder? Wenn ich jedoch ganz ehrlich bin, wollte ich genau das und habe auch heute immer noch Schwierigkeiten mit und in *meiner* Welt. Es hat mich einige Zeit und Erfahrungen gekostet, damit ich überhaupt kapiert habe, was ich eigentlich suchen oder finden will oder sollte ich besser sagen „sollte"?
Eines habe ich aber wirklich für mich gefunden. Etwas, das mir hilft. Ich nenne es „Selbst-Gespräche". In esoterischen Kreisen würde man vielleicht sagen „mit sich selbst channeln".

Was ist Channeling mit sich selbst?

Wurde Ihnen nicht auch schon mal empfohlen: „Höre auf deine innere Stimme." Aber bitte auf welche?
O.K. jetzt ist es raus. Ich höre *Stimmen.* Ich habe das noch niemandem erzählt, von wegen plemplem und so… Also, die eine ist eigentlich recht nett. Sie sagt mir, dass das alles nicht so schlimm sei usw. Die andere präsentiert sich als krittelnde, besserwisserische, alte Schnepfe (nix gegen Schnepfen). Dann ist da noch die, die den ganzen Tag jammert und alles ganz furchtbar findet. Ich habe allerdings den Verdacht, dass das Stimme Nummer zwei ist, wenn sie ihre Tage hat.
Manchmal ist so ein lautes Stimmengewirr in meinem Kopf, als hätte die ganze Wall Street samt ihren Brokern dort ihren neuen Börsenplatz eröffnet. „Wenn ich das doch bloß nicht gemacht hätte!", „Hätte ich damals bloß nicht auf   gehört!" - Selbstvorwürfe und Schuldzuweisungen halten sich so ziemlich die Waage. Auch lässt meine Meinung über mich selbst und andere oft zu wünschen übrig. „Mensch, ich bin echt unfähig!", „So ein Arschloch!" - manchmal mangelt es mir an ein paar aufmunternden Worten. „Das schaffe ich nie!", „Ist doch eh alles Scheiße! Was soll das Ganze?", „Blablablabla!" - so in etwa das übliche Gesprächsniveau.
Mal rede ich in der Ich-Form mit mir, mal sag ich ganz einfach Du zu mir. Schon etwas beunruhigend. Aber letztendlich sollen esotheoretisch gesehen das Ich und das Du dasselbe sein und alle Teil der göttlichen uelle. Dieses Gedankenwirrwarr da oben hat natürlich nichts mit dem zu tun, was man Eso landläufig unter Channeling versteht. „Channel" kommt aus dem Englischen und bedeutet Kanal. Einige Menschen behaupten, aus der sogenannten geistigen Welt Botschaften zu erhalten. Diese Personen bezeichnen sich als Medium oder Channel. Ob das wirklich sein kann, dass manche mit Engeln, Geistern oder Verstorbenen sprechen, steht für mich jetzt mal nicht zur Debatte. Denn meine Selbst-Gespräche haben damit eigentlich nichts zu tun. Vielleicht ist es auch nicht mehr als ein Ordnen oder Festhalten der eigenen Gedanken, denn

entweder habe ich etwas nicht zu Ende gedacht oder mich da oben verrannt.
Ich hatte und habe immer noch viele Fragen, auf die ich keine Antworten wusste oder eben hunderttausend hin- und herfliegende: "Warum ist mir das schon wieder passiert?", „Wie werde ich meine Angst los?", „Warum habe ich diese Angst überhaupt?", „Was soll ich nur tun?" Ich habe mich vor den Computer gesetzt, eine Frage gestellt und mal gewartet, ob da eine Antwort kommt – angeblich sind ja alle Antworten in uns… und tatsächlich *kam* etwas. Das habe ich aufgeschrieben. Langsam entwickelte sich so etwas wie ein innerer Dialog. Das Schreiben hilft mir, mich zu konzentrieren und auf den Punkt zu kommen.
Ob ich *nur* meine Gedanken eingefangen habe, die sich unkontrolliert in meinem Kopf winden, kann ich nicht genau sagen. Es fühlte sich anders an. Ich habe etwas in mir gehört, das ich so noch nie bemerkt hatte. Ich habe Antworten bekommen, warum es mir so geht, wie es mir geht und wie ich das, was mir nicht gefällt, verändern kann. Meine Selbst-Gespräche haben mich mir selbst näher gebracht und ich bin ein wichtiges Stück weiter in meinem Leben gekommen – ich bin bewusster geworden. Ich weiß nun, um was ES für mich geht.
Ich glaube nicht, Botschaften aus irgendwelchen Welten zu erhalten, sondern aus meinem ureigenen Ich-Selbst. Und dieses weise Selbst hat jeder. Und daher kann das auch jeder. Mit diesem Buch und den angefügten Beispielen meiner Selbst-Gespräche zeige ich Ihnen gerne, wie das geht.
Zunächst möchte ich darüber sprechen, was für mich dieses Selbst ist, das da mit mir spricht.

Was ist mein Ich-Selbst?

Wir reden von Körper, Geist und Seele. Letztere soll übrigens nicht sterben können. Das müssen wir aber *glauben*, denn wissen tun wir es nicht. Ich zumindest nicht. Und mein Glaube diesbezüglich hält sich auch in Grenzen. Ich habe einen Körper. Mit dem Geist wird es schon schwieriger. Eigentlich ist ja auch nicht so klar, was das genau ist. Man spricht vom Verstand, Bewusstsein, Unterbewusstsein, *höheres* Bewusstsein. Ah, dann ganz wichtig unsere Ps che. Und wir sollen eine Anbindung zum Göttlichen haben. Zu wievielt sind wir da oben eigentlich? Wenn es stimmt, was man sich so in Eso-Kreisen erzählt, dass alles mit allem verbunden ist, sind da unendlich viele... Was kann ich mir konstruieren, damit meine Unsterblichkeit garantiert ist und ich nicht komplett gaga werde?
Das Rad kann ich nicht neu erfinden. Aus den Erkenntnissen von vielen viel klügeren Köpfen habe ich mir mein eigenes zusammengebastelt, das sich in die Richtung dreht, die ich gerade brauche. Ich brauche Gott. Ohne *die* eine letzte Ursache kann ich kein Konzept aufbauen und mich selbst irgendwo einbauen. Irgendwer oder irgendwas hat alles wohl irgendwann und irgendwie gemacht. Was und wer ist dieser Gott für mich? Alles! Es gibt nichts, was Gott nicht ist. Was ist mein Ich-Selbst? Wo in meinem gezimmerten Glaubensgerüst stehe ich?
Ich habe mal in mir drin in Form eines Selbst-Gespräches nachgefragt, ob da eine Antwort auf mein Dilemma ist. Ich habe Antworten bekommen. Aber wie es der Teufel (auch so ein Herr, von dem wir nicht allzu viel wissen, nur dass er böse ist) so will, habe ich vergessen, das Kabel in den Computer zu stecken. Der Akku war so lange voll, bis mein Selbst-Gespräch beendet war. Dann hat sich alles ausgeschaltet, ohne zu speichern. Eigentlich sollte das automatisch alle paar Sekunden erfolgen. Hat es aber nicht. Mittlerweile bin ich das ja auch gewohnt. Ich und mein Laptop, wir sind rein schwingungstechnisch nicht immer auf einer Welle! Mein letzter und alle meine Daten haben mich verlassen, als ich mit dem Fuß im Kabel hängen geblieben bin. Daher lasse ich jetzt das Kabel so

oft wie möglich ausgesteckt. Auch nicht gerade eine geniale Idee, wie ich leider feststellen muss.

Ich drücke auch, so oft es geht, auf die Speichertaste. Manchmal vergesse ich es oder speichere das Falsche. Die Abgabe meiner Doktorarbeit hat sich damals aus genau diesem Grund etwas verschoben. Vier Tage vor dem Termin haben meine Freunde und ich Rechtschreibfehler korrigiert und Zitate vervollständigt. Wie die politische Entwicklung heutzutage zeigt: das Wichtigste einer Promotion! Während des Schreibens habe ich im Fußnotentext huschhusch nur den betreffenden Autor, den Titel und die Seite des entsprechenden Werkes angeführt. Ich wollte das alles später ordentlich machen. Neben faul und vergesslich kommt zu meiner Persönlichkeit auch noch ein sehr unordentlich und chaotisch-schusselig. Ich habe nämlich die Änderungen nicht gespeichert, sondern immer den alten Text! Die Gesichter meiner Freunde sprachen Bände und meines war nass geheult, von dem meines Professors ganz zu schweigen... Aus Fehlern lernt man bekanntlich. So auch ich. Eine Doktorarbeit reicht im Leben! Letztlich hat sich durch dieses Malheur nur der Abgabetermin verschoben – für mich damals fast das Ende der Welt. Heute kann ich nur darüber lachen. Und im Gegensatz zu damals interessieren mich jetzt nicht die Verschmelzung von Unternehmen und ihre Widerspiegelung in Bilanzen, sondern die von mir mit dem universellen Sein.

Leider wurde ja mein letztes diesbezügliches super Selbst-Gespräch nicht gespeichert und ich war entsprechend drauf. Ich wollte mein allerliebstes, allerheiligstes Selbst nochmals sprechen, aber es wollte nicht mehr mit mir darüber reden. Es hieß nur *Umschreiben,* was meine Stimmung auch nicht gerade mit den höheren Sphären in Verbindung brachte. Was denn umschreiben, wenn nichts mehr da ist? Schau'n wir mal, ob im Universum wirklich nichts verloren geht...

Wer und was bin ich? Ich möchte nicht ominös dreigeteilt in Körper, Geist und Seele sein. Mir reicht es schon, mich mit der Dualität auseinanderzusetzen. Das Eins-mit-sich-werden wird dann auch leichter. Weiterhin bin ich eine Frau und es wurde lange Zeit seitens der Kirche bezweifelt, ob wir Frauen überhaupt eine Seele hätten – ebenso wie dies bei Tieren bezweifelt wurde und häufig noch wird. Über die Einschät-

zung unserer geistigen Fähigkeiten schweige ich besser – nicht, dass ich noch was Dummes sage. Uns bleibt also nur der Körper, an dem wir dann meist ständig etwas auszusetzen haben.
Gott selbst sehe ich nicht. Aber ich glaube, dass es ihn, eine schöpferische Ursprungskraft, ein All-Bewusstsein gibt und Er (Sie oder Es) mich gemacht hat, *mich,* die ich mich als Individuum begreife. Ich glaube weiterhin, dass Gott alles ist und alles Gott ist. Also ist ein Teil von ihm auch in mir. Das heißt, ein Teil des göttlichen Funkens, ein Teil des göttlichen Geistes, des göttlichen Seins, des unendlichen All-Bewusst-Seins ist in mir und in uns allen. Sogar in einem Stein. Ich glaube, dass ich einen Teil des göttlichen Bewusstseins bis hin in die kleinsten Zellen und Zwischenräume habe. Den Körper könnte man so als „materialisiertes Bewusst-Sein" bezeichnen. Ich kann auch sagen, dass wir alle über dieses Bewusstsein verbunden und nicht getrennt sind. Auch nicht getrennt von Gott.
Stellen Sie sich mal vor, Sie wären der Liebe Gott oder das All-Bewusstsein - ich denke, für einen Augenblick ist das schon o.k., er wird schon nichts gegen diese Gedankenspielerei haben. Ich sage immer *Er,* weil ich aus einer katholischen Familie komme. Gott als Mädchen kann ich mir daher nicht sehr gut vorstellen. Also, Sie als Gott haben überall Ihr göttliches Bewusstsein eingepflanzt. Was würden Sie von den Menschen erwarten? Nichts! Denn Sie sind ja alles. Also erwarten oder brauchen Sie auch nichts. Als Gott wäre es Ihnen egal, ob die Menschen Sie lieben oder achten und was die so den lieben langen Tag anstellen. Sie sind über derartige Dinge *erhaben.* Aus dieser Sicht kann eigentlich gar nichts für Sie schieflaufen. Warum haben Sie uns dann erschaffen? Ich habe mich das schon manchmal gefragt, was da wohl in Sie gefahren ist. Warum erscheinen Sie nicht und sagen klar und deutlich, wer Sie sind, was Sie von uns wollen und was wir um Himmelswillen tun sollen, damit es uns einfach gut geht? Sie würden dann vielleicht antworten: „Das ist gar nicht so leicht, weil ich ja dann mit mir selbst reden müsste –oder zumindest mit einem Teil von mir!" Ich sage dann: „???" Sie würden mir antworten: „Wenn ich alles bin, auch du, wie soll ich dann getrennt von dir *mit* dir sprechen? Ich habe dich nicht erschaffen. Denn ich bin du.

Ich habe nichts erschaffen, was nicht bereits ist." Spätestens nach dieser Ihrer Aussage habe ich erhebliche Zweifel, mit dem *Herrn* zu sprechen. Denn mir tut sich die Frage auf: „Wenn ich Sie (Gott) bin und Sie ich, warum weiß ich das dann nicht? Und warum tun Sie sich das Ganze überhaupt an? Sie hätten schön in Ihrem Paradies bleiben können." Und Sie, der Liebe Gott, antworten dann: „Das bin ich!" Gottes Paradies ist er selbst!

Ich frage mich, ob Gott, indem er in uns, in Tieren, in Pflanzen, in Sternen, wo auch immer ist, sich auf einem gewaltigen Selbstfindungstrip befindet? Wenn er wirklich reines Bewusstsein sein sollte, wie stellt er es an, sich als solches wiederzufinden? Er manifestiert sich in ein paar Dumpfbacken und in wen auch immer und lässt uns den freien Willen, sich selbst wiederzufinden.

Aber wie finde ich mich selbst wieder? Ich lasse mich so gut wie alles durchmachen, was es so gibt. Dafür muss es mich erst einmal geben und schwupp bin ich am Leben (und habe z.B. auch Zahnweh...). Und vor allem muss ich ja erst vergessen, wer ich bin, sonst kann ich mich ja nicht finden... Da ich aber alles bin, was ist, habe ich doch auch ein wenig Bedenken, ob ich mich denn auch wirklich wiederfinde. Wenn ich eine Dumpfbacke mache, dann mache ich sie schon richtig. Dann schicke ich ein paar kluge Köpfe, die mir Dumpfbacke dann schon sagen, wer ich bin. Wenn ich aber nicht auf die höre? Am besten ich baue da ein Sicherungssystem ein: Wer nicht hören will, muss fühlen! Wo kämen wir denn da hin, wenn ich Gott auf einmal verloren ginge...

Ich erschaffe gute, richtig schöne Gefühle, damit ich mich erinnere, dass sie nur einen Ursprung haben können. Aber wie erkenne ich, dass sie göttlich sind? Es muss noch etwas geben, damit ich wirklich erkenne. Ich hab´s: den Körper, das Körperliche. Materialisiertes Bewusstsein. Mein Körper zeigt mir schon, wenn etwas nicht stimmt. Ich bin in allem, was ist. Ich brauch mich bloß umzusehen, um Gott zu sehen.

Genial, aber was hilft Ihnen das jetzt bitte, wenn Sie einer mit seinem Auto schneidet, wenn Ihr Arbeitskollege Sie wieder zumüllt? Wenn Sie krank sind? Wenn Sie verzweifelt sind? Das alte Problem von Theorie und Praxis... Ihnen kann etwas helfen: Ihr Gefühl! Wenn Sie nicht mehr wütend, verzweifelt, ängstlich etc. sein wollen, dann versuchen Sie in sich zu gehen. Dann werden Sie merken, dass da jemand ist, der Sie beruhigt, tröstet etc. Dieser Stimme können Sie Gehör verschaffen. Bis diese Stimme vielleicht eines Tages durch Sie spricht. Es ist Ihre Stimme! Meine hat mir gesagt, als ich mal wieder am liebsten vor Wut geplatzt wäre, ich hätte ein Druckventil: das Atmen. Fand ich ganz lustig. Ich hab dann etwas vor mich hingeblasen und es wurde besser. Versuchen Sie es, geben Sie Ihrer Stimme Gehör und beginnen Sie ein Selbst-Gespräch.

Der große und der kleine Selbstfindungstrip

Ich könnte also ganz ruhig und gelassen sein und den ganzen Tag frohlocken. Leichter gesagt als getan. Einen Haken gibt es: Mein liebes Ich, das sich einfach noch nicht als Teil des großen Ganzen sieht und meiner *Erleuchtung* im Wege steht. Ich glaube an die Botschaft von Jesus Christus: „Ich bin der Weg, die Wahrheit und das Leben. Niemand kommt zum Vater außer durch mich“. Was ist, wenn Jesus mit diesem „mich“ genau den Teil in mir meint, der sich getrennt fühlt? Dieses „mich“, das jammert, Angst hat, verzweifelt ist und leidet? Ohne durch diesen Teil von mir zu gehen, komme ich nicht an. Es ist ein Prozess. Ein Weg. Das Ziel der Reise und die Reise selbst. Und auf die mache ich mich von jedem Tag aufs Neue. Mein Leben.

Ich kann gar nicht glauben, dass so viel Pathos in mir steckt. Uah. Mein Leben fällt mir manchmal ziemlich schwer. Es wird auch nicht einfacher, wenn ich mir sage, dass ich auf ziemlich hohem Niveau jammere. Jeden Tag sterben Menschen an Hunger, Durst, sie leiden und müssen unendliche Grausamkeiten erdulden. Eine Verbindung mit dem universellen Sein ist ihnen wahrscheinlich ziemlich egal. In der Sozialpsychologie spricht man in diesem Zusammenhang von „Bedürfnispyramide“, in der das Bedürfnis nach Nahrung an erster und das nach Transzendenz an letzter Stelle stehn. Ich habe erleben dürfen, was es bedeutet, Hunger und Durst zu haben.

Das Thema Überleben stellte sich mir, als ich zum zweiten Mal heilgefastet habe. Das erste Mal lief alles gut und ich habe zehn Kilogramm verloren. Wahrscheinlich fiel es mir so leicht, weil ich in einen heißen Typen verknallt war und ich mich ihm zumindest optisch anpassen wollte. Das zweite Mal hatte ich keinen in Aussicht und einfach nur Hunger. Ich hatte über fünf Tage nichts gegessen und das versprochene Verschwinden des Hungergefühls wollte sich einfach nicht einstellen. Ich wurde wirklich zu einer Gefahr für die Öffentlichkeit. Darauf wies mich auch ziemlich deutlich eine Freundin hin, mit Erfolg. Ich bin in ihr Wirtshaus, habe mir zwei Bier auf einmal bestellt (ich war sicher das erste würde gar nicht dort ankommen, wo es hin soll) und einen Auberginenauflauf mit

viel Käse und Fett. Richtig Hunger haben ist gar nicht schön. Man hat nur eines im Kopf: Essen.
Durst ist noch schlimmer. Eigentlich das Schlimmste (oder sind es die zu engen Schuhe?). Neben drückenden Schuhen hatte ich auch schon mal schrecklich viel Durst bis fast vorm Umkippen. Um Südafrika besser kennenzulernen, hatte ich, bevor ich allein weiterzog, eine Wanderrundreise gebucht. Auf einer dieser Wanderungen hat sich der einheimische Führer im Busch verlaufen. Von der Reisegruppe waren nur drei andere dabei und zwar die Fitteren unter uns nicht nur körperlich, sondern auch im Oberstübchen. Sie hatten genügend Wasser dabei. Für sich. Ich dachte, mir würde für die vorgesehenen drei Stunden eine kleine Flasche reichen. Ich wollte nicht zu viel schleppen. Habe ich Ihnen schon gesagt, dass ich auch faul bin, daher untrainiert sowie leicht und viel schwitze? Nach fünf Stunden durch den Busch Hatschen gab der Guide zu, etwas vom Weg abgekommen zu sein. Jetzt kam bei mir auch noch der Angstschweiß dazu. Er meinte, sich aber zu erinnern, dass in dieser Richtung, er hielt seinen dunkelbraunen Finger in eben diese, ein Wasserreservoir wäre. Wir wurden alle ganz still. Genau wie damals während eines Fluges, als ich und die anderen Passagiere ein „Peng" hörten und dann eine Stimme, die sagte, wir würden wieder umkehren, weil ein - ich kann mich nicht mehr erinnern was - ausgefallen wäre. Also kein h sterisches Gekreische und keine Fragen über den Sinn des Lebens. Für mich ging es nur noch um das Überleben und die Frage, ob der Liebe Gott uns wohl hilft.
Das sogenannte Wasserreservoir, ein großer Blechtank mit Regenwasser, hat der Guide nach weiteren Stunden (mein Zeitgefühl hatte angefangen, sich zu verschieben) zum Glück gefunden. Sonst würde ich ja nicht hier sitzen und mir all diese komischen Fragen stellen. Komische Dinge befanden sich übrigens auch in dem Wasser. War mir zwar nicht völlig wurscht, aber recht viele Möglichkeiten hatte ich nicht: verdursten oder vergiften. Ich habe mich für letzteres entschieden. Mein Gott wurde ich krank. Die anderen nicht. Ob es daran lag, dass sie sich das Wasser mehr angeschaut als getrunken haben oder weil sie die roten Beeren nicht gegessen haben? Der Guide hatte sie während unserer Wanderschaft von

Büschen gezupft und uns angeboten. Wäre mir doch bloß eingefallen: „Was der Bayer ned kennt, des (fr)ißt er ned!“ So eine Redensart hat ja schon auch ihren Sinn. Mir ging eher Unsinn durch den Kopf: Oh Gott, ich muss sterben! Ich will nicht in ein afrikanisches Krankenhaus gebracht werden, weil die bringen mich um! Mein Fieber gaukelte mir Visionen von schmutzigen Spritzen vor…

In Afrika bin ich insgesamt wieder sehr katholisch geworden. Das Ave Maria habe ich viel gebetet - besonders inbrünstig die Stelle: „Bitte für uns jetzt und in der Stunde unseres Todes!“ Ich betete nicht nur mit meinem Kopf in der Kotztüte, sondern auch einmal als ich dann wieder gesund in Afrika allein unterwegs war. Ich musste ganz dringend. Und auf der sogenannten Autobahn wollte einfach keine Raststelle kommen. Es ist dort schon etwas anders als in Deutschland… Ich bin rechts rausgefahren und noch weiter rein in den Busch gelaufen. Ich hatte ja viel gehört, was einem weißen Arsch alles so zustoßen kann und den wollte ich daher nicht gerade für alle sichtbar präsentieren. Haben Sie schon mal versucht, während des Pieselns abzuzwicken? Nein? Das geht auch nicht. Nicht mal, wenn man hinter sich etwas zischen hört. Und zwar relativ laut und erbost. Dank des lieben Gottes und der Heiligen Jungfrau Maria bin ich nicht im südafrikanischen Busch mit heruntergelassener Hose an einem Schlangenbiss verendet.

Ich wollte oft schon in meinem Leben nicht mehr leben. Wenn man aber davor steht, will man genau das Gegenteil. Unser Körper kämpft bis zum Schluss. In Afrika wollte meine Zimmernachbarin in der Pension sich mit Schlaftabletten und einer Menge Flaschen Wein und Schnaps das Leben nehmen. Liebeskummer (hat wohl auch den Lieben Gott in ihrem Herzen nicht gefunden). Wie ich es bemerkt habe, weiß ich nicht mehr. Also, von wegen ruhigem Einschlafen ist da nix: ihr Körper hat versucht, sich von dem eingeworfenen Zeugs zu befreien und ich wiederum sie von dem Zeugs, das da rauskam, damit sie nicht erstickt, bis der Krankenwagen kam. Alles was lebt, will leben!

Ich finde, das Leben ist etwas Heiliges. Wie gesagt, glaube ich, dass in uns bis zur letzten Zelle göttliches Bewusstsein steckt. In Afrika habe ich so viel Elend gesehen. Straßenkinder, die mit Klebstoff und Plastiktüte versuchen, ihr Leben *erträglich* zu machen. Aidskranke Mütter und Kinder, die versuchen mit Perlenschmuck ihre Medikamente zu verdienen. Und. Und. Und.

Ich glaube auch, dass wir über den göttlichen Bewusstseinsanteil alle miteinander verbunden sind. Das Leiden der anderen ist auch unseres. Was kann ich aber als Einzelner dagegen oder besser dafür machen? Wenn ich mein ganzes Geld nach Afrika schicke, rette ich damit nicht die Welt. Und wenn wir es alle tun, wahrscheinlich auch nicht. Was könnte ich also schon tun?

Stellen Sie sich mal vor, wir, die wir es uns erlauben können, würden versuchen, immer mehr die scheinbare Lücke zwischen dem Göttlichen in uns und unserem Ich zu schließen. Wir würden immer mehr Eins werden. Zum Einen würde es uns selbst schon um einiges besser gehen... Zum Anderen würde vielleicht einem von uns etwas einfallen, wie wir denen, denen es noch nicht so geht, helfen können. Mir ist bis jetzt nur eingefallen, dass ich Ihnen zeigen kann, dass da wirklich etwas in Ihnen ist, mit dem Sie sprechen können und das Ihnen weiterhelfen kann.

Bevor Sie sich aber mit sich Selbst unterhalten, möchte ich gerne über einige Dinge, die so in der Esowelt spazieren gehen, erzählen. Es ist mir wichtig, weil es sein kann, dass Ihr Selbst eigenartige Dinge sagt, wie: Angst ist dasselbe wie Mut. Oder weil Sie befürchten, dass das, was da gerade spricht, vielleicht doch nicht der so göttliche Teil in Ihnen ist – von wegen der *negativen* Energien und so…

Zuerst möchte ich auf die sogenannten „Sieben hermetischen Regeln“ eingehen, die auch oft kosmische Prinzipien genannt werden.

Die sieben hermetischen Regeln der Affirmation

Sicher haben Sie auch schon des Öfteren gehört, dass Sie *positiv* denken sollen, weil Ihre Gedanken das erschaffen, was Ihnen geschieht oder dass das, was Sie im Inneren sind, sich im Außen widerspiegelt. Diese Aussagen basieren mehr oder weniger auf den sogenannten sieben kosmischen oder hermetischen Regeln. Jeder Eso, der etwas auf sich hält – so auch ich – zitiert sie zu jeder passenden und unpassenden Gelegenheit. Diese Regeln oder Gesetze sollen erklären, warum etwas im Leben so und nicht anders verläuft.

Die ersten Spielregeln für das Leben erhalten wir von unseren Eltern, die wiederum von ihren Eltern usw. Diese Regeln sollen uns mehr oder weniger auf das Leben vorbereiten. Auf uns prallt ein über Generationen angehäufter *Schatz* an Erfahrungen, Weisheiten und gesellschaftlichen Normen. Hier ein paar meiner bevorzugten: „Jeder bekommt das, was er verdient!", „Von nichts kommt nichts!" und ganz toll: „Jeder ist seines Glückes Schmied!" Was aber, wenn man wie ich handwerklich absolut untalentiert ist? Gibt es tatsächlich so etwas wie kosmische Spielregeln? Und wenn man von denen noch nie etwas gehört hat, bleibt man dann der Depp?

Googelt man „die sieben hermetischen Gesetze", erfährt man, dass diese Prinzipien in einem Buch Namens Kybalion erstmals 1908 veröffentlicht wurden. Die Autoren sind natürlich, wie sich das für richtig Eingeweihte gehört, anonym. Erfunden haben jene Unbekannte diese Prinzipien jedoch nicht. Sie sollen auf Hermes, einen ägyptischen Meister, zurückgehen. (Mit dem Wort Hermes wurde in der antiken Philosophie „die von den Göttern gesandte menschliche Vernunft" verbunden. Nur ein kleiner Hinweis für diejenigen, die damit wie ich Seidentücher oder gar einen Paketdienst assoziieren). Im heutigen www werden diese Prinzipien folgendermaßen aufgelistet:

1. Das Prinzip der Geistigkeit:
„Das All ist Geist das Universum ist geistig."

2. Das Prinzip der Analogie (Entsprechung):
„Wie oben, so unten wie innen, so außen wie der Geist, so der Körper. Die Verhältnisse im Universum (Makrokosmos) entsprächen demnach denen im Individuum (Mikrokosmos) – die äußeren Verhältnisse spiegelten sich im Menschen und umgekehrt. Veränderungen im mikrokosmischen Bereich wirkten sich folglich auch auf die Gesamtheit aus (Magie)."

3. Das Prinzip der Polarität:
„Alles ist zweifach, alles ist polar alles hat seine zwei Gegensätze Gleich und Ungleich ist dasselbe. Gegensätze sind ihrer Natur nach identisch, nur in ihrer Ausprägung verschieden Extreme begegnen einander alle Wahrheiten sind nur Halb-Wahrheiten alle Paradoxa können in Übereinstimmung gebracht werden."

4. Das Prinzip der Schwingung:
„Nichts ruht alles ist in Bewegung alles schwingt (siehe 5.)."

5. Das Prinzip des Rhythmus:
„Alles fließt – aus und ein (siehe 4.) alles hat seine Gezeiten alles hebt sich und fällt, der Schwung des Pendels äußert sich in allem der Ausschlag des Pendels nach rechts ist das Maß für den Ausschlag nach links Rh thmus gleicht aus."

6. Das Prinzip der Kausalität (Ursache und Wirkung):
„Jede Ursache hat ihre Wirkung jedes Phänomen hat seine Ursache alles geschieht gesetzmäßig Zufall ist nur ein Begriff für ein unerkanntes Gesetz es gibt viele Ebenen von Ursachen, aber nichts entgeht dem Gesetz."

7. Das Prinzip des Geschlechts:
„Geschlecht ist in allem alles trägt sein männliches und sein weibliches Prinzip in sich Geschlecht offenbart sich auf allen Ebenen."

Wenn Sie sich jetzt fragen, wie der Herr Hermes darauf gekommen ist, geht es Ihnen wie mir. Sind sie ihm eingegeben worden? Botschaften aus der geistigen Welt? Mit diesen beschäftigt sich die Menschheit seit Anbeginn ihrer Zeit: Höhlenmalereien zeigen Eingebungen während Trancetänzen und immer mehr Bücher werden gechannelt. Viele glauben auch an das Wirken von Außerirdischen (Wer sollte sonst die Pyramiden erbaut haben?) und deren Botschaften. Alles Spinner? Keine Ahnung. Ich weiß es nicht. Ich weiß auch nicht, ob die hermetischen Gesetze *stimmen*... Wie es nun mal mit Gesetzen so ist, man legt sie aus und manchmal biegt man sie sich auch etwas zurecht – je nachdem, wie man sie braucht. Weiterhin sind sie ja angeblich vor langer Zeit übermittelt und vorerst nur mündlich weitergegeben worden. Haben Sie im Kindergarten auch Flüsterpost gespielt und gelacht, was da am Schluss rauskam? O.K., die hermetische Lehre wurde natürlich nicht von Kindern, sondern von geheimen Erleuchteten an wieder Eingeweihte weitergegeben. Dem Otto-Normal-Verbraucher blieben sie verschlossen – daher auch der Ausdruck etwas ist „hermetisch verriegelt“. Nichts desto weniger denke ich, dass die sieben hermetischen Gesetze nur *eine* Weltanschauung sein können. Ein Ausschnitt für uns Menschlein, wie das große Ganze funktionieren soll. Im Kybalion soll weiterhin stehen, dass alles im All ist und dass das All in allem ist. Versucht man es runter zu brechen, bedeute dies, Gott ist alles und alles ist Gott. Weiter heißt es: „Dem, der diese Wahrheit wirklich versteht, ist große Weisheit gekommen.“ Ich muss zugeben, dass ich sehr, sehr, sehr weit davon entfernt bin und dort wahrscheinlich nie ankommen werde. Eine Lehre und entsprechende Prinzipien müssten dann ja auch alles enthalten. Um das alles zu verstehen, müsste man das *alles* sein. Wäre doch etwas zu viel verlangt, oder…? Ich habe schon Schwierigkeiten, *mich* manchmal zu kapieren.

Die Prinzipien helfen, ein paar kleine Dinge vielleicht besser zu verstehen. Sie bleiben aber was sie sind, wahrscheinlich nur ein kleiner Ausschnitt – besser als nichts… Ich denke auch, die kosmischen Gesetze können nicht einzeln für sich isoliert betrachtet bzw. angewendet wer-

den. Leider. Oder vielleicht auch zum Glück. Nehmen wir mal das folgende, erste Prinzip der Geistigkeit:
Das All ist geistig. Was heißt das? Veränderungen in unserem Leben geschehen, durch eine Veränderung unserer Geisteshaltung. Oft ausgedrückt mit: „Deine Gedanken erschaffen deine Welt!“ oder eben diese Glück- und Schmied-Sache.
Heißt das, ich müsste nur fest genug an etwas denken und so er-schaffe ich es mir dann? Also, ich wache immer noch ohne Brad Pitt auf. Wahrscheinlich weil er zu fest an seine Angelina denkt... Ich kann so viel denken, wie ich will, ich kann nicht einfach fliegen. Hat das was mit dem Glauben zu tun, der angeblich Berge versetzt? Wenn ich wirklich daran glauben würde fliegen zu können, könnte ich mich über das Naturgesetz der Schwerkraft hinwegsetzen?
Nichts ist unmöglich… was entsprechend einer anderen hermetischen Aussage tatsächlich so sein soll: „Alles ist im All und das All ist in Allem. Außerhalb dem All existiert nichts.“ Demnach existiert also auch das Nicht nicht… Also ist nichts nicht möglich… Wow.
Deshalb also der erhobene Finger seitens der Esos bei Affirmationen, nie „nicht“ zu sagen oder zu denken, weil sie sonst nicht funktionieren? Meine Wünsche immer positiv formulieren? Ist der Kosmos nur auf Tralala-Melodie eingestellt? Und da kommt das nächste Prinzip ins Spiel, das der Analogie:
Der Ton macht die Musik! Oder auch bekannt als „Wie man in den Wald hineinruft, so schallt es heraus.“ Es wird in diesem Zusammenhang auch von Magie gesprochen. Wir sind angeblich fähig, das Geschehen, Dinge, ja sogar die Kräfte der Natur zu beeinflussen. Es also regnen lassen? Donnerwetter! Nur durch eine Änderung unserer Geisteshaltung, unseres Wesens, unseres Seins? Was aber, wenn der Andere lieber Sonne will? Und wie muss man sein, damit es regnet oder nicht? Zurück zur Analogie:
Wie oben so auch unten. Wie innen so auch außen. Wenn in meinem Inneren beispielsweise Chaos herrscht, bin ich im Außen auch chaotisch. Erinnert mich stark an meine Jugend und das nicht aufgeräumte Zimmer… und aufziehenden Gewitterwolken mütterlicherseits. Waren daher

ihre Erziehungsmaßnahmen in Sachen Aufräumen usw. für die Katz? Halt nein! Es heißt ja auch, dass wir unsere Welt selbst erschaffen, aber dass auch die Welt uns erschafft bzw. prägt. Und schwupps, sind wir wieder beim ersten hermetischen Gesetz: Das All ist in allem und alles ist im All. Dieses Sowohl-als-auch wird auch das „göttliche Paradox“ genannt. Der Geist, der die Realität schafft und die Realität, die den Geist schafft. Dieses Paradox bringt uns dann zum nächsten Prinzip, dem der Polarität:

In allem, und vor allem in jedem, steckt die Kehrseite der Medaille: hell und dunkel, plus und minus, schön und scheußlich, usw. Alles hat seine zwei Seiten. Und da nichts außerhalb von allem existieren kann und immer alles in allem ist, sind die Gegensätze nur *scheinbar* und letztlich nur unterschiedliche Ausprägungen derselben Sache... so, so. Sagt man deshalb, dass etwas ganz *schön scheußlich* ist? Der jeweilige Grad der Polarität wird durch die entsprechende Frequenz bestimmt. Ob etwas hell oder dunkel ist, bestimmt dessen jeweilige Schwingung - womit wir beim vierten hermetischen Prinzip, dem der Schwingung sind:

Alles ist immer in Bewegung. Absoluter Stillstand ist also nicht möglich (gut zu wissen, wenn man mal wieder im Stau steht). Die theoretische Physik hat angeblich dieses Gesetz bestätigt. Ich kann den wissenschaftlichen Ausführungen aber leider nicht folgen. Ich habe mich ehrlich bemüht, zumindest einen oberflächlichen Einblick in die Quantenmechanik und die String-Theorie zu bekommen. Zu Letzterer kann ich sagen, dass es nichts mit unbequemen Unterhosen zu tun hat.

Nichtsdestoweniger ist dieses Prinzip wohl eines der am häufigsten propagierten in der Esowelt. Etwas hat eine gute Schwingung. Jemand schwingt echt noch niedrig. Man spricht von schlechten und guten Energien. Unter Beachtung des Gesetzes Nummer drei (Polarität) gibt es aber eine derartige Trennung gar nicht. Angst und Mut sind also dasselbe. Esotechnisch betrachtet haben beide einfach nur eine andere Schwingungsfrequenz. Entsprechend meiner Schwingung oder Frequenz ziehe ich dann im Außen (vgl. Gesetz Nummer zwei) auch Gutes bzw. Schlechtes an. Bin ich auf die Frequenz „Hallo Depp“ eingestellt, ziehe ich immer dieselben Heinis an. In der Fachsprache wird dieses Phänomen auch als „Gesetz der Resonanz“ bezeichnet. Hoffnung, aus der Depp-Frequenz-Misere rauszukommen, gibt Gesetz Nummer fünf: das Prinzip des Rh thmus.

Es geht im Leben immer hin und her. Auf und ab. Alles folgt einem bestimmten Rh thmus. Tag und Nacht. Ebbe und Flut usw. Was bringt die Erkenntnis dieses doch so offensichtlichen Gesetzes? Logo, dass ich nachts nicht zu weit ins Meer hinaus schwimme, weil ich sonst Gefahr laufe, abzusaufen. Das Prinzip soll allerdings auch darauf hinweisen, dass im Kosmos alles nach Harmonie strebt. Geben und Nehmen. Warum habe ich aber das Gefühl, immer eher der Loser als der Winner zu sein? Von wegen Ausgleich und so… Wir könnten jetzt natürlich sofort mit Gesetz Nummer zwei (Analogie) und Nummer vier (Schwingung) winken: Du schwingst halt einfach wie ein Loser! Aber ganz so einfach ist die Sache nicht, denn es gibt da noch das Kausalitätsprinzip:

Das Gesetz von Ursache und Wirkung. Nichts geschieht grundlos. Alles das, was ich jemals gedacht, gefühlt oder getan habe, kommt auf mich zurück. Karma. Klingt sehr einleuchtend. Aber wenn in diesem Leben einfach nichts klappt und ich aber doch wirklich versuche alles *richtig* zu machen? Tja, schlechtes Karma aus einem Vorleben. Damit landen wir beim Thema der Reinkarnation. Ein Großteil der menschlichen Bevölkerung glaubt an Wiedergeburt. Es gibt viele Berichte über Menschen, die sich an ihr früheres Leben erinnern. Aber warum fällt mir nicht ein, wer und was *ich* schon mal war? Natürlich habe ich mich auch schon mal rückführen lassen. Aber so richtig überzeugt war ich davon nicht. Für dieses ganze Vergessen muss es doch einen Grund geben? Was wäre anders, wenn wir uns alle an unsere Vorleben erinnern würden? Zum einen wäre der Streit um die Existenz- bzw. Nichtexistenz von Wiedergeburt beendet. Zum anderen müssten einige Religionen konzeptionell etwas verändern.

Ich habe in diesem Leben schon ganz schön viel damit zu tun, meine Fehler zu verdauen. Wenn ich mir jetzt vorstelle, mich an all den Blödsinn zu erinnern, den ich mal gemacht habe oder an alle Umstände, wie ich gestorben bin…mamma mia… Können wir bitte nicht einfach alles

vergessen und wieder von vorne anfangen? Ohne schlechtes Karma, bitte? Dafür sorgt angeblich das Prinzip des Geschlechts:
Sie kennen sicher das Yin Yang Symbol: der schwarze Fleck im weißen Feld und der weiße Fleck im schwarzen. Alles trägt sein männliches und weibliches Prinzip in sich. Auf den ersten Blick scheint es die Wiederholung von Gesetz Nummer drei (Polarität) zu sein. Aber warum soll ein und dasselbe Prinzip zweimal aufgelistet werden? Weil sich sieben kosmische Gesetze besser anhören als sechs? Mit Sex hat das siebente Prinzip vordergründig allerdings nichts zu tun. Dieses Gesetz soll helfen, den Schöpfungsakt zu erklären. Sie können jetzt einwenden, dass bestimmte Ringelwurmarten neue Ringelwürmer machen, indem sie einfach Körpersegmente abwerfen. Es braucht also nicht immer ein Weibchen und ein Männchen. Es hat ein wenig gedauert, bis ich meinte, dieses Prinzip verstanden zu haben. Es geht hier wie beim Gesetz der Polarität um Dualität, um scheinbar entgegen gerichtete Kräfte. Licht und Dunkelheit sind nach Gesetz Nummer drei ja eigentlich identisch.
Prinzip sieben sagt, dass das Licht die Dunkelheit enthält und umgekehrt. Um sie aber als Licht und Dunkelheit zu erkennen, braucht es die scheinbare Trennung der beiden – Schöpfung, Zeugung, wie auch immer.
Wir haben also nicht nur schlechtes Karma. In dem Schlechten ist das Gute. Wir sind also nicht Opfer unserer jeweiligen Handlungen aus einem jetzigen oder früheren Leben. Durch das Erkennen des weißen Flecks im schwarzen Feld können wir das weiße erst *erschaffen*… oder wie man so schön sagt: „Gefahr erkannt, Gefahr gebannt". Und um aus unserem jeweiligen Schlamassel herauszukommen, müssen wir das dann bloß noch wollen. Hier greift die Sache von wegen freier Wille und so…
Ich will ja! Aber wie?
Helfen sollen da Affirmationen. Auch Wikipedia hat davon schon gehört und sagt uns dazu folgendes: „Bezogen auf individuelle und kollektive Gedanken, Handlungen und Aussagen (hier besonders: Gebete und Mantras) und mit durchaus sehr unterschiedlichen Zielen (z.B. Selbstheilung, Erkenntnis, Erleuchtung …) werden Affirmationen verstanden als

eine das S stem sich selber aus sich heraus positiv beeinflussende, bewusst ausgedrückte Haltung (siehe auch Positives Denken).".
Think positive! Habe ich gemacht – ich meine das „siehe auch" - und das hier gefunden: „Die Methode Positives Denken zielt im Kern darauf ab, dass der Anwender durch konstante positive Beeinflussung seines bewussten Denkens (z.B. mit Hilfe von Affirmationen oder Visualisierungen) in seinen Gedanken eine dauerhaft konstruktive und optimistische Grundhaltung erreicht und infolgedessen eine höhere Zufriedenheit und Lebensqualität erzielt. In einigen Werken, die sich mit dem Thema befassen, nimmt der Glaube eine zentrale Stellung ein. Allerdings handelt es sich hierbei nicht in erster Linie um einen religiös motivierten und transzendental ausgerichteten Glauben, sondern um die Überzeugung, dass Dinge, die ein Mensch für wahr hält, die Tendenz haben, sich in seinem Leben zu verwirklichen. Dennoch ist die Grenze zur Esoterik oft fließend.
Je nach weltanschaulichem Vorverständnis zeigt sich positives Denken als Methode, falsche oder nicht vorhandene, sondern nur durch Denken erschaffene negative Wirklichkeit und ihre Auswirkungen abzubauen (Christian Science) oder - in monistisch/spirituellem Sinn (Neugeist/Unit) - die geistigen Gesetze positiv/richtig anzuwenden." Haben Sie das verstanden? Ich musste den Satz auch immer wieder lesen. Scheint echt nicht so einfach zu sein, dieses Denken in die richtige Richtung... Es wird dann weiter erklärt: „Während in Gruppen und Sondergemeinschaften positives Denken als Methode für Heilung (und Heil) an erster Stelle steht, wird über den Buchmarkt positives Denken als Lebenshilfe angeboten. Es verspricht Gewinnmaximierung, Gesundheit und Glück. Zahlreiche Hilfsmittel sollen den gedanklichen Optimismus unterstützen (positiver Sinnspruch im Kalender Kurztext über Telefon Sublimationsträger mit der Behauptung der unterschwelligen Beeinflussung)." Hä? Was ist ein Sublimationsträger? Ich denke, die meinen die Anhänger- und Amulettsache. Ich habe auch so ein paar Dinge im Schrank und manchmal an mir dran hängen. Sie sollen mich angeblich schützen, heilen, mein Wohlbefinden und was weiß ich noch alles stärken. Manche von den *Sublimationsträgern* sehen allerdings so aus, dass man gerade diese

Wirkung wieder in Frage stellen könnte. Wikipedia kann ja schlecht was von fragwürdigen Modeaccessoires oder gar Geschmacksverirrungen im Zusammenhang mit dem doch sehr ernsten Thema der „Affirmerei" berichten.

Weiterhin neutral liest man daher weiter: „Im sprachwissenschaftlichen Sinne ist die affirmative (bejahende / positiv wertende) Verwendung oder Bedeutung eines Wortes das Gegenteil einer pejorativen (negativ wertenden oder abwertenden) Verwendung oder Bedeutung." Da haben wir es: ich habe nicht richtig formuliert und/oder nicht fest genug daran geglaubt. Affirmation ist per Definition eine bejahende Formulierung. Also um Himmelswillen nicht sagen „Ich will nicht mehr arm sein!", sondern „Ich bin reich!". Das Verb im *Präsens*, weil es den Glauben bestätigt. Man geht schon davon aus, das zu sein, was man erst werden will. Am besten visualisiert man auch alles. Nur wie visualisiert man sich reich? Ich stelle mir meinen Kontoauszug entsprechend hoch vor. Affirmationen sollen je präziser desto besser funktionieren. Auf meinem Kontoauszug sehe ich eine Million Schweizer Franken (bleibe währungstechnisch mal auf der sicheren Seite). Aber wie soll das gehen? Woher kommt das Geld? Gibt es so etwas wie eine kosmische Notenpresse? Wie verdiene ich dieses Geld? Fahre ich in die Schweiz und kaufe mir einen Lottoschein? Nee, schade ums Benzin. Und warum? Weil ich einfach nicht genug glaube. Und Zweifel sollen die bisherige „Affirmerei" wieder stornieren. Ich bin schon in mich gegangen, warum ich das alles für einen ausgemachten Schmarrn halte. Bei mir stellen sich mittlerweile schon die Haare auf, wenn ich „Think positive" nur höre. Eine Freundin von mir will sich ihre negativen Gefühle nicht genau ansehen, weil man ja immer positiv denken soll, damit das Positive zu einem kommt. Ein klassisches Beispiel für Nicht-Annehmen, Verdrängen von was ist und wer man ist.

Warum will ich reich sein? Dumme Frage, gell? Reich ist besser als arm, logisch. Aber warum bin ich es nicht? Mangelnde Wertschätzung – ich *verdiene* es nicht? Ich habe mein ganzes Geld verprasst – für was, warum? Letztere Frage können Sie sich selbst stellen, wenn Sie sich gerne mit Ihrer Vergangenheit auseinandersetzen… Es ist aber etwas da in der

Gegenwart, das ich nicht haben will. Ich bete für eine bessere Zukunft ausgehend von einem Status quo, den ich gar nicht ver- oder bearbeiten will. Ich selbst habe ein enormes Problem mit meiner eigenen Wertschätzung. Ich bin mir nie und nicht genug. Eine Million Schweizer Franken auf meinem Bankkonto würden sicherlich dieses Problem nicht lösen. Sie würden auch sicherlich nicht lange auf meinem Bankkonto bleiben und auf wundersame Weise durch meine Finger rinnen.

Entsprechend der hermetischen Lehre und deren Analogie- und Schwingungsprinzip müsste also etwas in meinem Inneren sein, das mir ein Außen *macht*, das mir nicht gefällt. In vielen Büchern wird der Vorgang auch als „Schattenarbeit" bezeichnet. Ihre Selbst-Gespräche können Ihnen - wie ich durch mich erfahren habe - genau dabei behilflich sein, sich das anzusehen und zu lösen, was Ihnen an sich und allem nicht gefällt. Bevor Sie sich jedoch mit Ihrer *dunklen* Seite auseinandersetzen, ist es mir sehr wichtig, Ihnen zu erzählen, wozu eigentlich – um was ES geht.

ES ist mehr!

Gut und schlecht, richtig und falsch, positiv und negativ sind oft nicht einfach zu unterscheiden. Entsprechend der hermetischen Lehre ist ihre Trennung ja auch nur scheinbar. *Gut* schwingt vielleicht höher als *böse*. Aber ist höher besser als niedrig? Fragen Sie mich das bitte nicht, wenn ich auf einer wackeligen Leiter stehe. Brauchen wir einen Bezugspunkt?
Ein *richtiger* Patriot weiß, was er zu tun hat. Alles für sein Land. In diesem Rahmen definiert sich sein Gut und Böse, sein Sinn und sein Tun: Was seinem Land schaden könnte, wird bekämpft. Als *guter* Christ würde er vielleicht wieder anders handeln.
Für uns war es früher völlig okay, Fleisch zu essen. Außer am Aschermittwoch und Karfreitag. Damals auch bei meiner Großmutter immer freitags. Wäre ich in Indien geboren, hätte es meinen Glaubensvorstellungen generell widersprochen. Ich wollte aus dem ersten Rahmen raus, weil ich ihn schlecht fand. Meine Eltern sprachen von Pubertät. Ich wollte eine andere, bessere Schachtel. In dieser waren viele Dinge superokay, die für meine Eltern gar nicht okay waren, wie im Alternativlook am Stachus, ein Platz in München, für die Straßenmusiker Geld einsammeln. Mein Vater meinte, mit diesen meinen neuen Einstellungen bräuchte ich auch mein Pferd nicht mehr. Auf einmal waren mir Äußerlichkeiten doch nicht mehr so wichtig, tauschte Schlabberlook gegen Karostrickpulli plus Flanellhöschen und übte zu Hause wieder Gitarre und Akkordeon. Richtig wohl in meinen Klamotten fühle ich mich übrigens erst, seit ich 45 Jahre alt bin. Ich laufe den ganzen Tag nur noch in Reithosen rum und zwar in der richtigen Kleidergröße. Im Sommer trage ich fragliche Tütüs. Das Ziehharmonikaspielen hat mich irgendwie konditioniert: mal ganz breit – leider nicht nur Luft - und dann wieder zurück zur Ausgangsposition. Schlank werde ich, aber bleibe es nicht. Jetzt bin ich halt so wie ich bin.
Im konzeptionellen Rahmen einer leistungsorientierten Gesellschaft bin ich ein Versager. Wie kann man den Superjob in einer Bank in Frankfurt hinschmeißen, nach Afrika gehen und einen Internetversand mit Kleinkunstwerken aufmachen, der zudem auch noch pleite macht? (Die Zulu-

Frauen dort bezeichneten mich übrigens als dünn.) Alles nur eine Frage der Sichtweise. Im katholischen Glauben bin ich eine Sünderin. In Abhängigkeit vom jeweiligen Eso-Buch, das ich aufschlage, bin ich reiner Geist, Bewusstsein oder angeblich jemand, mit einem mehr oder weniger hohen spirituellen Grad. Beurteilung braucht also einen begrenzten Raum. Wir erfahren das Eine über sein scheinbares Gegenteil.

Nehmen wir die Angst als Gegenteil vom Mut. Für mich kann ohne die Überwindung von Angst Mut gar nicht existieren. Ich habe schon etwas Höhenangst. Wenn ich an einem steilen Abgrund stehe, wird mir mehr als mulmig. Ich hatte einen Freund, der ist gerne gekraxelt und ich musste mit. An einem Überhang bin ich dann rauf und runter, obwohl ich vorher Schwierigkeiten hatte, dort nur hinunter zu schauen. Ich fand das supermutig von mir. Mein Freund hatte diese Probleme nicht. Er hat manchmal Sachen gemacht, die hatten für mich mit Mut nichts zu tun, sondern nur mit plemplem. So stelle ich mir das auch mit der sogenannten Erleuchtung vor. Ohne vorher richtig un–bewusst zu sein, kann ich gar nicht erkennen, was bewusst sein ist. Ich brauche meine Zweifel, um glauben zu können. Zweifeln ist für mich daher *unbewusst* wissen und glauben ist *bewusst* wissen. Den Tod rede ich mir schön, indem ich mir sage, wir brauchen ihn, um zu erkennen, dass wir leben.

Unschöne Dinge brauchen wir, um die schönen zu erkennen. Jeder Mensch hat seine guten und schlechten Seiten. Die Schlechten mögen wir nicht. Ich habe sehr gelitten, als mein Vater starb. Ich habe nicht nur seinen Charme, die Art wie er lächelte und seine Witze vermisst, sondern auch, dass er mich nervt – seine zu Lebzeiten für mich *schlechten* Seiten. Wenn wir unsere negativen Seiten ablehnen, sie verdrängen und unterdrücken, lehnen wir einen Teil des großen Ganzen, des All-Bewusstseins ab. Es ist unendlich und hat keinen Rahmen für Beurteilungen.

Warum sollen wir dann gut sein, nach dem Guten streben, wenn es so betrachtet, eigentlich egal ist, wie man ist? Die Einteilung in schwarz und weiß braucht unser Verstand – auch um unsere Gefühle zu verstehen. Man fühlt sich gut oder schlecht oder so lala. Letztlich geht es sogar um mehr, als nur um sich gut zu fühlen. Ich weiß nicht, ob ES Ihnen auch so geht: Ich möchte glücklich und zufrieden sein. Immer. Ich mag es sogar schon nicht, wenn ich mich so lala fühle und eigentlich gar nicht weiß warum. Im Leben geht ES immer rauf und runter oder hin und her, entsprechend der hermetischen Lehre ist das sogar ein Gesetz. Und ich gehe entsprechend mit. Wunderschöne Augenblicke im Leben, in denen ich so richtig glücklich und rundum zufrieden bin. Es ist etwas Schönes passiert und warum kann ES nicht so bleiben? Immer so sein? Und rums, auf einmal bin ich auf meiner Gefühlsskala schon wieder im Minusbereich.

Ich bin das, was man auf Italienisch „ansiosa" nennt, so was wie „sorgenvoll, bekümmert". Mir geht ES gut, eigentlich super und ich bin ansiosa, dass sich das ändert, dass etwas Schreckliches passieren könnte. Dass es morgen nicht mehr so sein könnte und ich wieder unten bin. Diese ansia nimmt mir manchmal die Freude, sogar für meine täglichen schönen Augenblicke. Ich habe Angst, dass ich mit den unschönen Dingen des Lebens nicht zurechtkomme. Es gibt einen schönen Satz: „Nicht die Dinge beunruhigen die Menschen, sondern ihre Meinungen über die Dinge!" Er hat mir aber nicht meine Angst genommen. Die Angst, dass ES mir morgen nicht mehr so gut geht, selbst wenn ich mich eigentlich gerade gar nicht so himmlisch, glückselig fühle. Aber ich denke darum geht ES gar nicht. Es geht um etwas, das hinter, vor, über oder wo auch immer diesen Dingen steht. Eine Gewissheit, dass ich mit allem zurechtkomme. Egal, was passiert. Dass alles (gut) ist. Ein Eins-mit-sich-sein. Das Problem ist nur, dass wir ES immer noch zu viel im Außen suchen.

Ich bin dafür mit meinen Plemplem-Freunden auch nach Indien. Jeder anständige Gläubige oder Suchende pilgert schließlich mal. So auch ich - ins Land der Gurus – ab in den Aschram, einer Art Kloster. Wir wollten zu *dem* Meister. Es hieß, ab und an hole er einen oder eine der Be-Sucher zu sich und würde mit ihm oder ihr sprechen. Eine solche Chance wollte ich mir natürlich nicht entgehen lassen! Vielleicht mit einem echten Erleuchteten reden… wow! (Oder besser oaaaaaaammm).

Natürlich hat er nicht mit mir gesprochen. War ja eh klar. Im Aschram saß ich mit vielen anderen Suchenden „krischniwischni" singend auf dem Boden. Sie hatten alle irgendwie glücklich-verzückte Gesichter. Ich eigentlich nur Angst, mir hier im Land der geistigen Erleuchtung, irgendwelche Viecherle einzufangen. Hab ich dann auch. Eine der Kakerlaken, die sich sonst auf meinem Bett tummelten, hatte es in meinem Koffer sogar bis nach Niederba ern geschafft! Und eine andere Spezies in meinen Bauch. Oh Mann, oh Mann… Darmstörung ist für mich nicht mehr nur ein einfaches Wort. Meine Freunde hatten für mein Befinden natürlich sofort eine Erklärung: „Reinigung!“ Da ich mich spirituell *reinige*, löse dies angeblich eine entsprechende Reaktion auf der Körperebene aus. In irgendeiner Hinsicht hatten sie ja auch Recht. Ich verbrachte die meiste Zeit im Bad – oder eher über einem Loch im Bad. Dusche und Klo waren eins. Im Fußboden befand sich ein Loch für *Reinigungsnebenprodukte* und drüber hing ein Duschkopf, schief, aber immerhin gab es einen. Über dem Loch stand man für äußerliche Waschungen und hockte für die innere *Reinigung*.

Warum fast jeder echte ogi aus Indien kommt, ist mir nun auch klar und dass hier jeder, der wirklich will, auch seine Erleuchtung findet! Bei mir offenbarte sie sich als die Drei-Gürtel-an-den-Türgriff-festbind-Konstruktion! Nach ein paar innerlichen Reinigungsattacken (so ungefähr zehn), hatte ich einen Muskelkater in den Oberschenkeln, wie noch nie (und auch nie wieder) und nichts zum Festhalten…. Ich musste, konnte aber nicht mehr, in die Hocke - so viel auch zum Thema „an die eigenen Grenzen gehen“. Aber dank der drei Gürtel, die ich an den Türgriff des Bades anband, hatten ich und mein Leben wieder etwas Halt gefunden. Und dank eines Durchfallmittels, das mir Amerikaner, die ein Nachbarhäuschen gemietet hatten, vor die Tür gestellt haben, konnte ich auch ab und an wieder vor eben diese treten. Wie diese netten Menschen es mitbekommen haben, dass es mir nicht besonders ging? Darüber möchte ich lieber nicht mehr nachdenken…

Indien hat sich trotz allem voll rentiert: ich kam zwar nicht erleuchtet, dafür aber mit vielen schönen bunten Tüchern und besagter Kakerlake wieder nach Hause.

Meine weiteren spirituellen Reisen gingen dann weiter zu Kartenlegerinnen. Ich wollte dort schöne Dinge hören. Dass meine Zukunft wunderbar sein wird. Karriere, Mann, Kinder, tolles Haus. Vielleicht könnten Sie mir auch ein paar Tipps geben, wie ich das möglichst leicht und schnell

bekomme? Herrschaftszeiten! Wie konnte ich denn bloß so blöd gewesen sein? Ich fluche vielleicht nicht gerne, aber eben doch manchmal. Eine Kartenlegerin und Weiß(!)Magierin meinte, vom Kosmos her, wären – weil ich Gott geflucht hätte (woran ich mich aber nicht erinnern kann) - einige Gehirnkanäle verschlossen worden, was wiederum erklären könnte, warum ich überhaupt immer wieder zu Kartenlegerinnen gegangen bin.
Die ersten Karten hat mir die mittlerweile schon lang verstorbene Tante Käthi gelegt: Heiraten würde ich bald und zwar einen reichen Mann. Ich war damals 12 Jahre alt. Geheiratet habe ich mit 30. Er war arm – wegen mir. Gut, Tante Käthi war auch keine Professionelle. Ich bin später immer wieder zu einer, die das Geld gut gebrauchen konnte. So wie ich ihre Prophezeiungen: toller Mann, schönes Haus. Meine Ehe hielt 1,5 Jahre und war nicht so toll. Eine Kartenlegerin meinte, ich würde später meinem Ex die Füße küssen, dafür, dass er so war, wie er war. Ich denke, wenn ich das heute versuchen würde, hätte ich eben diese Füße ganz woanders... Die Zukunftsprognose stammte von der mit den Gehirnkanälen, die sie mir dann auch wieder angeblich geöffnet hat. Ihre Magie hat wohl funktioniert, sonst hätte ich vielleicht meinen Ex zwecks Fußküsserei aufgesucht.
Bei ihr hörte ich auch das erste Mal von weißer und schwarzer Magie. Nicht, dass ich nicht schon mal im Fernsehen etwas über Voodoo & Co gesehen hätte, aber dass ich unter „schwarz-magischem“ Einfluss stehen sollte, war mir neu. Daher auch meine Probleme? Kein Problem für eine Weiß-Magierin. Die macht da mal eben einen Schutz über mich. Ich habe mich fest an die Devise gehalten, wer´s glaubt wird selig und hab bezahlt - so wie die armen Seelen seinerzeit mit ihren Ablässen. Mit ihren weiteren Prophezeiungen war es ähnlich: Auf besagten Mann warte ich noch genauso wie auf meinen geschäftlichen Erfolg. Dafür muss man aber schon etwas tun, gell. Ich habe halt einfach wieder das Falsche gemacht, trotz Wegweiser durch kleine bunte Bildchen. Oder?
Aber wer sagt mir, was ich tun soll? Wenn man der Sache mit „oben wie auch unten“ Glauben schenkt, dann steht das auch alles in den Sternen. Für meine Begriffe etwas zu vage. Ich habe mir viele Horoskope erstel-

len lassen. Es sogar versucht, selbst zu lernen. Das war aber eindeutig nichts für mich. Eher schon Rutengehen und Pendeln. Ich habe so ziemlich nichts ausgelassen, was der Esoterikmarkt so hergibt. Ich bin auf die Jagd nach den negativen Energien gegangen und habe versucht, die positiven herbeizuschwingen.
Im nächsten Kapitel möchte ich Ihnen etwas von meinen Erfahrungen erzählen, damit Sie bei Ihren Selbst-Gesprächen keine Angst haben, dass Hui Buh oder irgendein anderes Gespenst antwortet.

Positive und negative Energien

Es gibt Dinge zwischen Himmel und Erde, die kann man nicht erklären. So wie zum Beispiel einem Neandertaler, was ein Computer ist und wie und warum er funktioniert. Man käme schon nicht einmal dazu, weil er vor Schreck (oder vor Elektrosmog) in Ohnmacht fallen würde. Computertechnisch bin ich noch vor dem Neandertaler anzusiedeln. Ich falle allerdings nur noch hin und wieder vor Schreck fast in Ohnmacht. Zwar habe ich mich an seinen Anblick gewöhnt, verstehen tu ich ihn aber nicht. Für einen Programmierer ist das, was da drin abgeht nur 0.1. Für mich ist das echt Hokuspokus. So wie für manche das ganze Gerede über positive, negative Energien, über Magie, über Geister usw. Viele haben ein paar Geschichten auf Lager, was ihnen schon Eigentümliches oder Unheimliches passiert ist.

Meine Cousine und mein Cousin haben mich vor Jahren hier in Italien besucht. Meine Cousine war damals 17 Jahre alt und entsprechend drauf. Mein Cousin war auch noch jung. Sie wollten Sonne, das Wetter, etwas anderes. Es goss die ganze Zeit in Strömen und drinnen war die Laune daher auch sehr bewölkt. Meine Mutter und ich wollten in ein paar Trödelläden nach einem alten Kamin suchen, die Jugend wollte lieber daheim bleiben. Als wir nach Hause kamen, zeigte ihr Gesichtsausdruck, dass sie das besser doch nicht gemacht hätten und zwar wegen der Stimmen im ersten Stock. Ich hatte damals beiden Nachhilfe gegeben (insbesondere Mathäää), als ich noch in Deutschland war. Kein sehr leichtes Unterfangen. Zwischendurch konnten sie echt zu kleinen Monstern mutieren. Ich sah nun meine Stunde für ein ganz klein wenig Rache gekommen: „Ja, ja bei mir spukt´s. Ich habe auch schon mal einen durch mein Ankleidezimmer latschen sehen!“ Meine Cousine roch den Braten nicht und beteuerte, dass es nicht der Wind im Kamin gewesen war, sondern echte Stimmen. Sonst ist sie eigentlich ganz clever…

Stimmen in meinem Haus höre ich nicht. Und seit ich meinen Cousins von dem Typen im Ankleidezimmer erzählt habe, lässt dieser sich auch nicht mehr blicken. Dass die mir das damals abgenommen haben… erstaunlich! Wahrscheinlich, weil ich ihnen noch erzählt habe, dass die

Lampe, die über dem Tisch hängt, an dem meine Mutter und ich die beiden brav sitzend gefunden haben, manchmal von selbst angeht. Meine Mutter nickte kräftig zur Bestätigung. Auf meine Mutter kann man sich echt verlassen. Sie ist immer da, wenn man sie braucht. Das Relais des entsprechenden Lichtschalters wurde vor ein paar Wochen ausgewechselt. Es war nun endgültig hinüber. Ich denke nicht, dass das am vielen Ein- und Ausschalten durch Geisterhand lag.

In meinem Haus wurde angeblich auch ein Hohepriester mit Hut gesehen und jemand konnte in meinem Schlafzimmer nicht schlafen, weil da zu viele durchmarschiert wären. Den Hohepriester und seinen Spezi konnte ich mir einmal zur fortgeschrittenen Stunde schon fast vorstellen. Ich habe jedem von ihnen ein Glas Wein rausgestellt. Allein trinken ist immer a bissl fad. Schlafen tu ich generell nicht so gut. Ob es an den vielen liegt, die da durchgehen, weiß ich nicht – schön wäre einer, der mal bleibt, in Menschenform und gutaussehend… Aber bitte nicht unsichtbar auf meiner Schulter!

Mit einer befreundeten Tierärztin habe ich kürzlich über das Thema „Besessenheit“ am Telefon geplaudert. Sie interessiert sich auch für alternative Heilmethoden und wir sprechen über so etwas wie andere über Paarbeziehungen – da kann man auch dran glauben oder nicht. Man sollte sich allerdings schon überlegen, mit wem man darüber spricht. Ich hatte einmal nach unserem Homöopathiekurs über *unsichtbare* Kräfte philosophiert. Man läuft Gefahr für plemplem gehalten zu werden. Über diesen Status bin ich allerdings schon hinweg. Ich hatte ein oder zwei Gläser Wein intus. Da werde ich dann so richtig gesprächig. Als dann Zu-Bett-Gehzeit war, wollte einer der Kursteilnehmer lieber am Boden bei seiner befreundeten Zahnärztin schlafen als alleine im Gästeappartement. Also, ich habe mehr Angst vorm Zahnarzt als vor Geistern!

Meine Tierarzt-Freundin erzählte mir, dass sie in Rio de Janeiro einmal bei einem mediumistischen Heil-Ritual dabei sein durfte. Geheilt werden sollten Geistes- und auch Alkoholkranke. (Vielleicht sollte ich mal nach Rio in Sachen Schokoladensucht?) Für den Alkoholismus hatten die Heiler folgende Erklärung: Auf der Seele würde einer sitzen, der sich an

ihr labt und sagt: „Trink, trink!“ Der Trinksprüchler wird dann *wegritualisiert* werden. (Huch? Meine Reise verschiebe ich.). Meine Freundin meinte, die hätten schon einige damit geheilt. Sie hätte sogar gesehen, dass einer vorher gaga war und nachher nicht mehr. (Vielleicht überdenke ich Rio nochmal?) Hatte allerdings kurz Befürchtungen, dass eines dieser Rituale bei meiner Freundin andersherum gewirkt haben könnte. (Das mit Rio wird nix!) Aber alles im grünen Bereich: Sie musste lachen, als ich sie gefragt habe, wie denn der Typ auf die Seele gekommen sei und wer dem wohl einen Platz angeboten habe.
Ich würde wahnsinnig gerne das ganze Zeugs als ausgemachten Schmarren abtun. Aber ich habe ein Problem: Ich sehe Dinge, die ich mir nicht erklären kann, die aber irgendwie *stimmen*. Wenn ich jemanden anschaue, sehe ich wo, aber nicht was für ein körperliches Problem derjenige hat. Funktioniert nur bei Menschen, leider nicht bei Tieren, und ich muss da schon etwas komisch schaun - in etwa so wie auf die 3-D-Bilder. Die Stelle, an der vielleicht eine energetische Belastung oder Blockade besteht, sehe ich nicht klar, sondern nur verschwommen – wie die Hitze, die auf Straßen vom Asphalt hochstrahlt. Auch in manchen Häusern sehe ich so was. Bringt mir aber überhaupt nichts. Und ich mache es nicht gerne. Man kommt sich schon ein bisschen wie in einer Freakshow vor, wenn ich meist zur fortgeschrittenen Stunde gefragt werde:„Und na, was siehst du bei mir?“ Hätte ich doch bloß nie darüber gesprochen. Aber das Ego braucht *Wow-Sein*.... Ich habe Angst, etwas Falsches zu sehen und dann wiederum jemandem Angst zu machen. Wie gesagt, ich sehe nur die körperlichen Bereiche, wie zum Beispiel den Halsbereich. Das kann dann vieles sein: Nackenschmerzen, Halsweh, Schilddrüse... Das muss mir dann schon der oder die Angeschaute sagen (meistens sind das dann auch die Problemzonen). Nochmal, es *bringt* überhaupt nichts, außer mich in Schwierigkeiten, weil ich verstehen wollte, was ich mir da einbilde und was das ganze Geschwafel von Energie eigentlich sein soll.
Auf alle Fälle sind diese nebeligen Dinge keine Geister oder Dämonen. Ich glaube nicht, dass es sie so gibt. Auch nicht *Besetzungen* in dem Sinne, dass da ein verlorener Seelenanteil oder auch ein ganzer auf der Schulter

hockt oder um einen herumschwirrt. Wenn wir in diesem Zusammenhang von negativen Energien sprechen, sagen wir das vielleicht bloß, weil unser Wortschatz keinen anderen Ausdruck dafür parat hält.
Ich nehme an, dass es in unserem Leben um einen großen Selbstfindungstrip geht – um unseren oder um den des großen, ganzen Bewusstseins (was ja wiederum ein und dasselbe ist). Von Gott getrennt sein geht nicht, weil ja nichts außerhalb von ihm sein kann. Um sich aber selbst zu finden, muss man erst vorher von sich getrennt sein – auch, wenn das letztlich nur eine Illusion ist. Was wir unter negativen Energien verstehen, könnte letztlich nur die *Kraft* sein, die unser Ich vom eigentlichen Ich (dem großen Bewusstsein) fernhält, dieser Verbindung entgegenwirkt. Unser Ich wird *scheinbar* festgehalten, vor dem Zu-sich finden. Das, was manche als Geister, Dämonen usw. spüren oder sehen, ist (nur) diese Kraft. Hinter dieser Kraft steht letztlich nur der Wille oder der Gedanke und letztendlich die Entscheidung zur Trennung. Mehr nicht. Diese negative Kraft oder Energie kann jeder unterschiedlich erleben oder fühlen.
Ich möchte auf diese Dinge eingehen, weil ich im Kapitel der Selbst-Gespräche von „sanften, ruhigen Energien" in Ihnen spreche, die Sie vielleicht oder besser hoffentlich empfinden werden. Das Wissen um das Gute ergibt sich aus dem Wissen um das Schlechte. Aber was sind das nun für Energien, die wir als negativ empfinden und was kann man dagegen tun?
Es gibt Orte oder Plätze, die bei manchen von uns ein ungutes Gefühl hervorrufen und an denen Sie sich nicht wohlfühlen. Die Ursachen können vielschichtig sein. Einmal könnten es sogenannte geopathische Störfelder sein, z.B. Wasseradern oder Erdverwerfungen, die man mit einer Wünschelrute, einem Pendel oder einem Tensor (einer Einhandrute) finden kann. Ob man daran glaubt, steht auf einem anderen Papier. Die ersten Erfahrungen mit der Wünschelrute habe ich mit zwölf oder dreizehn Jahren gemacht. Wir hatten angebaut und ich wollte an dem schönen neuen Schreibtisch in meinem schönen neuen Zimmer einfach nicht sitzen, geschweige denn meine Hausaufgaben machen oder lernen. Draußen am Esstisch war es viel schöner. Es kam daher ein alter Mann

mit einem winkeligen Ding. Und tatsächlich: Unter meinem Schreibtisch war eine Erdverwerfung! Unmöglich, sich dort aufzuhalten. Sehr gesundheitsschädlich! Der alte Mann deutete mit dem Ding auf mich und meinte: "Die da riecht Wasseradern auf zehn Meter Entfernung." Heute weiß ich, dass sich bereits alle zwei Meter in sämtlichen Himmelsrichtungen Störfelder befinden. Da ich ja nichts ausgelassen habe, was der Esomarkt so bereitstellt, habe ich auch eine Ausbildung zum Feng-Shui Berater gemacht. Dafür brauchte es auch einige Wünschelrutenkurse.
Um mein niederbayerisches Heim (damals noch mit Mann) Feng-Shui-technisch und Qi-mäßig auf Vordermann zu bringen, habe ich so einiges gekauft: chinesische Flöten, Fächer, papierne Drachen und heimatlose Zimmerbrunnen. Mein Haus, das meinen Körper und mein Schicksal widerspiegeln soll, hat sich verändert. Über Geschmack lässt sich bekanntlich nicht streiten. Dafür aber mit mir. Auch ich war bald anders: geschieden.
Feng-Shui kann aber nichts dafür. Ich möchte damit um Himmelswillen auch nicht sagen, dass Feng-Shui Quatsch sei. Ich habe ja auch versucht, die Häuser und Wohnungen anderer Leute auf diesem Wege energetisch zu optimieren. Es ist schon unglaublich, was da alles *hochkommt* - unlustig wird es nur, wenn es die Angst ist. Wir hatten einen sehr netten Mann in einem unserer Kurse. Er litt unter einem schuppigen Ausschlag am ganzen Körper und keiner konnte ihm helfen. Von Beruf war er Schreiner und hatte sich seinen Traum erfüllt: ein wunderschönes Haus, das er selbst mitgebaut hat, mit seinem Betrieb im Erdgeschoss. Er wollte nun erfahren, ob dieses Haus und dessen Energie schuld an seiner Misere wären. Wir haben es uns angeschaut. Nach dem Gesetz „wie der Makrokosmos, so auch der Mikrokosmos" wurden Störfelder auf dem Lageplan des Grundstücks und auf dem Bauplan des Architekten gefunden und eingezeichnet. Der Plan sah nachher ziemlich bunt aus. Auch sonst war wegen anderer Dinge die Energie des Hauses ziemlich mies. Ich vergesse nie den Blick dieses Mannes, als er fragte, was er denn jetzt machen könne und es hieß: „Change your house!" Er solle das nächste Mal auch einen Feng-Shui Berater vor dem Kauf des neuen Grundstücks und dem Bau zu Rate ziehen, weil er sich sonst das Gleiche in Grün

wieder schaffen würde. Sonst wurde immer empfohlen, die Dinge, die nicht im eigenen Heim stimmen, zu lösen, da man sie sonst in das nächste Haus mitnimmt. Das liebe Gesetz der Resonanz. Ich weiß nicht, was aus diesem Mann geworden ist. Sein ganzes Geld und Herzblut war in diesem Haus. Ob er es nach diesem Kurs noch genau so schön fand? Hat er angefangen, es zu hassen, weil es ihn krank machte? Ich bin der Meinung, es gibt immer eine Lösung.

Wissenschaftliche Beweise für einen kausalen Zusammenhang zwischen Wasseradern und einer pathologischen Auswirkung gibt es nicht. Nicht jeder, der auf einer Wasserader schläft, wird krank. Meine Mutter zum Beispiel ist diesbezüglich nicht so empfindlich. Sie kann auch den Elektrozaun um unsere Pferdekoppel anfassen, um zu prüfen, ob noch Strom drauf ist, ohne mit der Wimper zu zucken. Ich nicht. Ich brauche da einen Strommesser. Einmal musste ich manuell testen, weil ich ihn nicht gefunden habe und meine Mutter war auch nicht in der Nähe. Leider haben wir einen eher langen Zaun und ich musste ganz schön viele Stellen testen. Am Abend habe ich mich übergeben. Einen Elektrozaun habe ich nicht mehr um meine Pferdekoppeln, sondern schöne, stabile Stangen.

Meine Mutter hat vielleicht nie so viele Stromschläge hintereinander aushalten müssen, aber ich bin überzeugt, ihr wäre danach nicht schlecht geworden. Sie hat auch sonst einen sehr starken Willen. Auf einem Störfeld möchte sie allerdings auch nicht schlafen. Hinter ihrem Bett ist eine Benkerlinie und ein rundes Metalldings um deren negativ beeinflussende Energien aufzuheben, zu entkräften, umzupolen – was auch immer. Ich bin der Meinung, schaden tut es nicht, das „Dings“. Das Bett haben wir trotzdem etwas nach vorne geschoben. Für den Schreiner aus dem Feng-Shui Kurs hätte es angeblich keine so einfache Möglichkeit für einen störungsfreien Schlafplatz gegeben. Was über verwendete Baumaterialien gesprochen wurde, auf die er unter Umständen allergisch reagiert haben könnte, entzieht sich meiner Kenntnis. Sicherlich war ich in der Zeit draußen, um eine zu rauchen und die gar nicht so guten Energien unseres Anwesens zu verdauen – ein ehemaliger keltischer Kultplatz. Obwohl ich diesen Fakt eigentlich auch wieder ganz spannend fand, vor allem die eingezeichneten Gräber und Opferstätten. Das hatten die einfach so ausgependelt? Im Pendeln war ich damals noch nicht so gut. Auch ich habe ein kegelförmiges Etwas an einem Kettchen über unseren Lageplan gehalten - allerdings bevor ich von den Gräbern und so unter unserem Obstgarten hörte. Ich fand die Energien eigentlich ganz okay. Aber es gibt halt Menschen, die reagieren auf diese Dinge sensibler.

Stellen Sie sich vor, Sie würden ein Haus betreten, in dem sich vor kurzem jemand umgebracht hat oder ermordet wurde. Macht es einen Unterschied, ob Sie das wissen oder nicht? Ich bin sehr empfänglich für solche Geschichten. Und ich glaube, dass man diese Erinnerungen spüren kann.

Eine Freundin wollte, dass ich nach dem Tod ihres Mannes mal die Energie ihres Hauses kontrolliere, nach dem Motto „Schlechtes raus, Gutes rein". Ihr Mann war Alkoholiker gewesen und sie hatte zum Ende hin keine leichte Zeit mit ihm gehabt. Es ging also für mich darum, die schlechten Erinnerungen zu *heilen*. In einer Ecke des Schlafzimmers hing ihr Bademantel. Mein Pendelein zeigte eindeutig auf ihn. Was sollte denn mit dem armen Bademantel sein? Sie hatte in den Taschen jedoch ein paar unschöne Briefe ihres Mannes aufgehoben. Im Bademantel? Ich war auch etwas erstaunt. Na, auf alle Fälle kamen diese Briefe da raus und der Bademantel in die Waschmaschine. Ich sagte ihr noch ein paar Dinge, wie sie ihren Frieden mit der Vergangenheit schließen könne. Ich habe auch etwas gebetet. Mehr kann man da ja eh nicht tun.

Was ich damit sagen will: Diese Erinnerungen, Energien oder wie man es sonst nennen will, findet man schon. Ob sie einem schaden können, denke ich, hängt damit zusammen, ob man selbst gerade ein Thema damit hat. Esoterisch spricht man dann von „in Resonanz gehen". Bestellt man jetzt einen Pfarrer oder sonst jemanden in sein Haus, damit es gesegnet, ausgeräuchert oder sonst was wird, schadet das zumindest mal nicht.

Bevor mit dem Bau unseres Hauses hier in Italien begonnen wurde, habe ich auch erst einen Pfarrer kommen lassen. Der meinte, wir wären noch Katholische von der alten Sorte. Ob ich glaube, dass das Weihwasser geholfen hat? Die Segnung vor Baubeginn war für mich ein wichtiges

Ritual. Es hat sich Gott sei Dank niemand während des Baus verletzt und es ist etwas aus meinem Haus geworden. Für mich war es die Einstimmung auf das, was kommt. Wir haben gebetet und uns einen Moment in Ruhe darauf besonnen. Wenn man mit Pfarrern nicht so gut zurechtkommt und jemanden mit Räucherwerk und Trommeln durch sein Haus latschen lässt, setzt man sich auch irgendwie mit seinen Ecken und Kanten auseinander. Der Nächste, der kommt, findet vielleicht dasselbe nochmal oder ganz was anderes. Ich glaube an die Kraft der Gedanken. Und ich glaube, dass man diese *unschönen* Energien heilen kann. Nach dem hermetischen Prinzip des Geschlechts entsteht Schöpfung durch scheinbar entgegengesetzte Kräfte. Wenn man zum Beispiel glaubt, im Wohnzimmer wäre eine *dunkle* Ecke (ich nenne das auch oft Energiestau) könnte man durch eine scheinbar anders gerichtete Kraft, Energie oder Strahlung das Ganze wieder ins Fließen bringen. Allerdings sollte man gleichzeitig versuchen, die eigenen Gefühle und Empfindungen hinsichtlich des zu reinigenden Themas anschauen, da es sich sonst schnell wieder mit negativer Energie aufladen kann.

Das Negative und das, was wir nicht verstehen, macht uns vielleicht Angst, manchmal auch wütend und verzweifelt. Man scheint vielleicht, sogar *außer sich* zu sein. In meiner Glaubensvorstellung ist das gerade der Sinn dieser unangenehmen Gefühle: Sie zeigen, wie weit man von sich selbst entfernt hat. Oder anders ausgedrückt, wie weit man vom göttlichen Bewusstsein getrennt ist. Wenn es stimmt, dass alles geistig ist, dann geht ES darum, dies zu begreifen, zu erfahren, zu leben – zu sein. Unsere Gedanken kreisen, schlagen Purzelbäume und sind zu unglaublichen Spagaten fähig. Unsere Gefühle haben wir nicht immer unter Kontrolle. Auch hier erleben wir uns als getrennt. Wir entscheiden etwas gegen unseren Verstand, aus dem Bauch heraus. Was ist richtiger? Der Verstand oder das Gefühl? Was kommt zuerst? Der Gedanke oder das Gefühl? Bei der Suche nach einer Antwort kommt man ungefähr so weit, wie bezüglich der Frage, wer zuerst da war: das Huhn oder das Ei. Ich nenne Gefühle „gefühlte Gedanken". Oft gehen sie noch darüber hinaus. Unser Wortschatz ist leider beschränkt. Unser Körper hilft bei der Sache mit: Angstschweiß, Tränen der Verzweiflung, aber auch der Freu-

de, Herzflattern und vieles mehr. Es ist auch nichts Neues, dass unterdrückte Gefühle krank machen. Der mentale Zustand spiegelt sich im Körper wieder – man könnte auch sagen, er entlädt sich.
Meiner Meinung nach haben viele *Geisteskranke* durch die scheinbar anhaltende Trennung von ihrem Sein keinen Bezug mehr zur ihrer körperlichen Ebene. Früher wurden sie unter Bedingungen gehalten, die jeder *Normale* innerhalb kürzester Zeit nicht überlebt hätte oder die ihn plemplem gemacht hätten. Man kann es sich so vorstellen, dass sich geistige oder psychische Belastungen über den Körper entladen. Oft ist es doch so, bevor man einen Schnupfen hat, denkt man schon vorher daran, sich erkältet zu haben. Es geht einem durch den Kopf, vielleicht krank zu werden. Jemand mit einer ernsthaften mentalen Störung denkt sicher nicht an Grippe. Manchmal ist es auch so, dass wir keine Zeit haben, krank zu werden, z.B. während eines Examens. Unser Geist ist mit anderen Dingen beschäftigt. Danach werden wir aber krank oder fallen in das berühmte Loch.
Falls Sie beim mit sich Selbst sprechen Angst wegen des Plemplem-Faktors haben, könnten Sie einen einfachen Test machen. Wenn Sie bereit wären, das zu tun, was jemand in der Nacht vom 27. auf den 28. Februar 2013 gemacht hat, dann… nun dann wäre Ihr Plemplem-Faktor schon ganz schön grenzwertig. Stellen Sie sich folgendes vor: Es ist Winter und nachts. Es schneit. Sie ziehen Ihre Schuhe und Strümpfe aus und spazieren so ungefähr fünf Stunden durch den Schnee und durch einen eisigen Bach. Wichtig ist, dass Sie von oben bis unten gut durchnässt sind. Dann gehen Sie in eine niederbayerische Mühle und erzählen dem Müllerburschen, der gerade Nachtschicht hat, dass Sie eigentlich auf dem Weg nach Hamburg wären. Von derart Aktionen sind Sie weit entfernt? Dann brauchen Sie sich wirklich keine Sorgen machen. Die machte sich dafür der Müllerbursche. Und zwar so viele, dass er anstatt mit der Polizei ständig mit dem Anrufbeantworter einer Straubinger Bank verbunden wurde. Sein Handy hat schließlich doch den Weg zur Notrufzentrale unserer Freunde und Helfer gefunden. Sie kamen und der nächtliche Besucher wurde wieder in die Heilanstalt, aus der er entflohen war, zurück gebracht. Wenn mir an Stelle des Müllerburschen das zugestoßen

wäre, wäre ich jetzt sicher auch auf dem Weg nach Norden. Wenn sich mein Geist noch nicht vollkommen von meiner Körperebene verabschiedet hätte, hätte ich ziemlich gefroren und mich ganz schön erkältet. Und es heißt, dass ich im Oberstübchen noch einigermaßen oka bin.
Der nächtliche Mühlenbesucher spürte keine Kälte und ich glaube, wie viele von denen, die bei unmöglichen Wetterbedingungen umherirren, ist auch er nicht krank geworden. Mein Homöopathielehrer sprach in diesem Zusammenhang auch einmal davon, dass man nur *eine* Krankheit haben kann. Die stärkere würde siegen und die schlimmste wäre die mentale Krankheit. Aus Sicht der Homöopathie wäre auch der Ausschlag des Schreiners gar nicht schlimm, sondern ein Zeichen dafür, dass seine Selbstheilungskräfte noch optimal funktionierten: von oben nach unten vom Oberstübchen an weiter unten gelegene Körperregionen von Innen nach Außen, also von inneren Körperteilen zu äußeren, z.B. zur Haut. Der Organismus versucht sich von Krankheiten bzw. Störungen seiner wichtigen Teile – das wichtigste: das Oberstübchen – durch Ausscheiden bzw. Verlagern der Störung über weniger wichtige Körperregionen zu befreien. Das Ganze nennt man dann „Heilung" (das sagen Sie mal jemandem, den der ganze Körper juckt). Ein einfaches Beispiel: Sie sind beim Münchner Oktoberfest und schauen sich einen Maßkrug an. Und Ihnen graust es ganz furchtbar. Da ist noch ein Rest Lippenstift und wer weiß was sonst noch alles dran! Was macht ihr Organismus, um sie vor dem Wahnsinn zu bewahren? Einen Herpes Simplex auf der Lippe! Der wiederum erinnert Sie 14 Tage lang, das nächste Mal das Sakrotan-Tücherl nicht zu vergessen. Ob und wie Homöopathie funktioniert, ist nicht mein Thema - inwieweit unser Glaube daran beteiligt ist auch nicht.
Die Sache mit der Besetzung könnte schon helfen, ver-rückt zu erklären. Ich stand aber immer wieder vor der Frage, was ist das, was besetzt und was ist das, was besetzt sein soll. Es wird schon behauptet, dass eine Seele von einer anderen eingenommen wird oder werden kann. Ich habe keine Ahnung. Ich weiß es nicht, ob es tatsächlich so etwas gibt. Für mich ist es eine Lücke zwischen dem Bewusstseinsanteil des großen Ganzen oder Gottes in uns und dem scheinbar getrennten Ich. Warum

jemand mit mehr oder weniger gravierenden mentalen Belastungen geschlagen ist, würde uns wieder zurückführen zum Anbeginn der Zeit - falls es sie überhaupt gibt. Mir gefällt die Antwort von Eckart Tolle zu diesem Thema: „Was immer der gegenwärtige Moment enthält, nimm es an, als hättest du es selbst gewählt!"
Wenn Sie sich jetzt auch fragen, ob man nicht mehr krank wird, wenn man es schafft, sich der Verbindung mit dem universellen Sein bewusst zu werden, könnte ich nur sagen, dass dann zumindest für Krankheit eigentlich kein Grund mehr bestehen würde. Im Neuen Testament wird nichts darüber erzählt, dass Jesus einmal Grippe hatte. Auch Buddha lächelt auf den Figuren sehr zufrieden.
Und wenn Sie sich jetzt fragen, ob jemand verhindern kann, dass Sie diesen Weg gehen oder Sie jemand von diesem Weg abbringen kann: Ja, Sie selbst. Ja aber, man hört doch da so was über Flüche, schwarze Magie und all diese schlimmen Dinge... Als ich in Sachen Feng-Shui einmal ein Haus angeschaut habe, bin ich auf etwas gestoßen, das ich mir nicht erklären konnte. Es war keine Wasserader und auch kein anderes mehr oder weniger existierendes geopathisches Störfeld. Ich hatte damals eine Wünschelrute aus Metall, die sich auch nach rechts oder links verbiegen konnte. Und auf diesem Feld ging sie runter und machte „zoing". Ich habe der Hausbesitzerin gesagt, dass ich keine Ahnung hätte, was das wäre, das da aus dieser Richtung käme. Sie meinte: „Ach das! Das sind wahrscheinlich die schlechten Gedanken der Nachbarin. Die wünscht mir jeden Tag den Tod." Aha? Ich war echt baff. Das kann man *spüren?* Und was kann man dagegen machen? So von wegen Schutz und so? Ich hatte nicht die leiseste Idee – außer ein bisschen Farbe, Blumen und gute Gebete jeden Tag in eben diese Richtung. Man könnte sich über Frau Nachbarin aufregen und auch ein paar freundliche Worte über den Zaun schreien. Ich hätte da schon ein paar auf Lager... Aber wenn ich das mache, hat Frau Nachbarin mit ihren Rauchwolken Erfolg. Wenn ich so drauf bin, bin ich ihr ziemlich ähnlich und ob es mir dann noch gut geht, bezweifle ich. Meine Kundin hat damals über ihre Nachbarin gelacht. Ich habe mich natürlich gefragt, ob so etwas auf Dauer die eigene Stimmung beeinflussen oder einen sogar krank machen kann. Früher hätte ich „ja"

gesagt, da es keiner aushalten würde, mit negativer Energie bombardiert zu werden. Heute würde ich auch sagen: Ja, wenn ich mir nicht anschaue, was das alles aus und mit mir macht. Wenn ich vor meinem Ärger oder einem anderen Gefühl davonlaufe oder mich vereinnahmen lasse, dann können sie mich tatsächlich beeinflussen und mir letztendlich schaden.

Manipuliert werden geschieht doch täglich!? Klar, ich fühle mich manchmal nicht so wohl in meiner Haut, wenn ich allein bloß Modezeitschriften durchblättere. Das liegt aber nicht an der Manipulation durch Werbung, Informationspolitik und sonstigen Merkwürdigkeiten, sondern weil ich das Tor dafür offengelassen habe. Ich mag mich und mein Bauchi nicht immer und wenn ich dann diese schönen Frauen in den schönen Kleidern sehe, kommen ganz unschöne Dinge in mir hoch… Wenn man glaubt, negative Energien zu spüren und man anfängt, sich zu fragen, wer sie geschickt hat, dann hat man das Türchen sperrangelweit offen und den Schlüssel verlegt. Ich habe auch schon mal gedacht, ob mich da nicht einer verflucht hat, bei dem was alles wieder schiefläuft? Außer einer Schuldzuweisung „an Unbekannt" habe ich aber nichts bewirkt und ich nehme mich aus der Verantwortung für mein Leben. Eine wie auch immer gerichtete Energie, kann von *außen* nur wirken, wenn sie *innen* angenommen wird, also auf fruchtbaren Boden fällt. Ich habe mich schon oft energetisch behandeln lassen. Gemerkt habe ich nix und ob es geholfen hat? Keine Ahnung, vielleicht würde es mir ja sonst schlechter gehen. Ich muss schon zugeben, dass es nicht sehr leicht ist, mir positive Schwingungen zukommen zu lassen, wenn ich höre, der Ursprung für meine Blockaden sei ein Erlebnis aus meiner neunten Reinkarnation… Ich glaube schon, dass dem göttlichen Teil unseres Bewusstseins nichts verloren geht, und dass, wie bei einem Mega-Speicher, alles *eingebrannt* ist, was es noch zu erlösen gilt. Ich glaube auch, dass es bis dato ein sich wiederholendes Muster gibt. Aber ich denke nicht, dass man da irgendwie oder irgendwohin zurück muss. Das, was sich jetzt auftut, kann ich jetzt oder - wenn ich jetzt nicht will - morgen lösen. Ob mir eine Lebenssituation angeflucht oder sonst etwas wurde, spielt ei-

gentlich keine Rolle. Jetzt ist sie da und ich muss mit ihr und meinem Ich mit all seinen Gedanken und Gefühlen fertigwerden.
Ich reite auf diesem Thema so rum, weil mir mal nicht so ganz wohl war nach einigen Aussagen von Leuten, die sich energietechnisch auskennen. Mir sind als Jugendliche schon auch eigenartige Dinge passiert – nicht nur die Pubertät - ich habe auch einige eigenartige Dinge angestellt. Mit einer Freundin habe ich zum Beispiel „Gläser gerückt". Falls Sie nicht wissen, was das ist: Man dreht ein Glas um und stellt es auf den Tisch. Im Kreis hat man die Buchstaben des Alphabetes ausgelegt und zwei Zettel, auf denen „ja" oder „nein" steht. Man legt die Finger auf das Glas und bittet einen *guten Geist* um Antworten auf Fragen, die *dieser* durch das Bewegen des Glases beantwortet. Wir fanden das damals ganz schön abgefahren. Die gestellten Fragen spiegelten unseren damaligen Bewusstseinszustand wieder. Ebenso die Antworten. Auf mich stand damals angeblich ein Kerl namens „Mrkldrws" oder so ähnlich. Einmal ist uns während der Finger-auf-dem-Glas-rutsch-Aktion die Kerze ausgegangen. War schon unheimlich. Und wir haben auch gemeint, so etwas wie ein Klopfen zu hören. Wir haben dann cool eine geraucht und gekichert. Ganz wohl war uns aber nicht, mir jedenfalls. Irgendwann haben wir damit aufgehört, weil eh nur Schmarren und nix Gscheits raus kommt. Meine Tante hat auf einem „Energetik-Kurs" gehört, dass alle, die so etwas mal gemacht haben, später sehr, sehr krank würden. Das macht mir mehr Angst als alle Geister dieser Welt. Wie kann man nur so etwas von sich geben? Wenn das einer glaubt, verankert sich das in irgendwelchen Hirnkanälen und macht denjenigen vielleicht wirklich krank. Mich machen solche Aussagen sauer, was für mein Verdauungssystem wiederum nicht so gut ist…
Mir wurde auch gesagt, was wir da gemacht hätten, wäre schwarze Magie. Wir sind mit Dingen umgegangen, die sehr, sehr gefährlich, böse und schlecht wären. Wir hätten den negativen Energien Tür und Tor geöffnet und die wären nun da, um mich herum und würden mir schaden. Es bräuchte schon sehr, sehr viel gute Energie, damit die wieder weggehen und das geheilt und gereinigt wird. Ob und wie das *wirklich* ist, weiß ich nicht. Ich kann nur sagen, dass es so nicht in meine Glaubensvorstellung

passt. Diese Energien, die da jemand um mich herum glaubt, gespürt zu haben, sind für mich meine oft nicht so schönen Gedanken. Wie ein Radiosender gehe ich damit auf eine bestimmte Frequenz. Manchmal ist es nicht so einfach, den Sender zu wechseln. Aber das gehört für mich zu unserem (Lern-)Prozess.

Ich war eine Zeitlang auch nicht viel besser und habe mit meinem Pendel alles Mögliche getestet und sehr fragwürdige Sätze von mir gegeben. Ich habe mich auch gefragt, wenn wir wirklich alle miteinander verbunden sind, könnten genau über diese Verbindung die negativen Kräfte von etwas oder jemand anderem *wirken*. Aber haben Sie sich mal überlegt, über welchen Kanal so etwas laufen müsste? Was für eine Kraft das sein müsste, die eine absolute Manipulation bewirken kann – ohne dass Sie es wollen? Wo sie ansetzen müsste? Ziemlich weit *oben*, eigentlich beim Schöpfer selbst. Sie könnten natürlich dagegen halten: „Aber wenn ich diesen Kanal offengelassen habe im Laufe meiner Inkarnationen – vielleicht weil auch ich *böse* und was weiß ich noch war?" Dann machen Sie diesen Kanal wieder zu. Die *Öffnung* ist so groß wie die Lücke zwischen der scheinbaren Trennung Ihres Ichs und Ihres Ich-Selbsts.

Meine heiß und innig geliebte Tante arbeitet energetisch und hatte schon viele Heilerfolge. Sie meinte, ich würde mir mit meinem negativen Gedankengut, auch wieder negative Energien herbeiziehen – von wegen Resonanzgesetz. Was sie als negative Energien spürt, die von außen wieder zu mir herkommen, ist nur die Kraft meiner eigenen Gedanken und Gefühle. Es können auch die Erinnerungen oder Abdrücke von Handlungen sein, die vielleicht auch schon etwas länger zurückliegen. Es würde dauerhaft aber nichts bringen, mir eine Verwünschung, Inkarnationsbelastung oder einen an mir pappenden Seelenanteil wegzuenergetisieren (einmal schon, weil ich nicht daran glaube). Ich muss mir anschauen, was dahinter steckt. Brauche ich einen Schuldigen für zum Beispiel meinen beruflichen Misserfolg? Habe ich Angst, etwas Böses getan zu haben und jetzt dafür bestraft zu werden? Habe ich zu wenig Selbst-Bewusstsein oder Selbst-Vertrauen?

Wenn mir heute jemand sagt, dass er Fremdenergien an mir spürt, bekommt er eine Kopfnuss. Und wenn der- oder diejenige mich verdutzt anschaut, sage ich ihm, dass ich ja nichts dafür kann, weil ich, wie er ja meint, *fremdbestimmt* sei. Wenn mir allerdings jemand sagt, dass ich keine sehr gute Energie verbreite, gebe ich mir selbst eine – nur eine kleine, so als Anstoß, damit ich einmal erkenne, ob derjenige ein Problem mit mir hat oder eher ich mit seiner Aussage. Dann damit ich weiß, wie ich am besten damit umgehe, falls ich ein Problem damit habe. Und hoffentlich hilft mir dieser Denkanstoß dabei, dass ich finde, wo noch weitere von meinen Wehwehchen, dunklen Seiten oder Schatten sitzen. Das heißt ich versuche in mich zu gehen. Mir fällt es leichter, wenn ich mit mir rede…

Selbst-Gespräche

Gleichmut

In der Esowelt hört man oft vom „Schatten" und einer Arbeit mit und an ihm. Gemeint ist damit ein Etwas in oder an uns, das uns nicht gefällt. Etwas, das wir entweder gar nicht erkennen oder gar verdrängen. Er bringt uns dazu, Dinge zu sagen oder zu tun, die wir eigentlich gar nicht möchten. Oder das, was wir eigentlich möchten, passiert genau verkehrt herum - so wie das mit der Spritze beim Arzt: „Entspannen Sie sich, sonst tut es weh!" Mein Hintern wird dann so hart, dass er jeder Aerobicmeisterin Konkurrenz machen könnte! Autsch, sapperlot!

Das Gute am Schatten ist, dass er sich immer wieder zeigt. Meistens natürlich, wenn es uns gerade nicht passt. Unterdrückte Wut zum Beispiel macht sich nicht sehr gut in einer Geschäftsverhandlung. Vielleicht schafft man es gerade noch dem Gegenüber nicht an die Gurgel zu gehen, lässt aber alles danach an der netten Empfangsdame aus. Die wiederum könnte sich vielleicht fragen, warum sie immer alles abbekommt. Was sie wohl *ausstrahlt?* Meistens kommt es aber nicht zu dieser Frage.

Wir haben etwas gegen jemanden. Etwas stört uns ganz fürchterlich am anderen. Man liest in den schlauen Büchern, dass man genau mit dem, was einen am anderen nicht gefällt, in Resonanz geht oder einfacher ausgedrückt: Man bekommt den Spiegel vorgehalten. Ja ja, die lieben hermetischen Gesetze. Man liegt also nicht nur mit seinem besten Kumpel auf gleicher Wellenlänge, sondern auch mit dem blöden Heini, der uns nervt.

Ich habe viele Schatten. Und die möchte ich logischerweise loswerden. In den Büchern, die ich gelesen habe, habe ich diesbezüglich keine für mich verständliche und vor allem keine leichte Anleitung gefunden. Wie geht Schattenarbeit? – Ich habe nicht kapiert, was ich eigentlich *tun* soll. Es tauchen Wörter auf wie „Annehmen", „Loslassen" oder „Hingabe". Wie bitte geht es, dass ich meine Angst, meine Wut und was weiß ich noch alles annehme und dann loslasse? Oder ist beides dasselbe?

Wenn wir wirklich mit allem verbunden sind, müsste ich doch auch alle Antworten in mir haben. Ich wollte probieren, ob ich in mir drin Genau-

eres darüber erfahre. Meine *unerlöste,* schattige Innenwelt zeigt sich für mich am deutlichsten durch meine Pferde. Ich lebe in Italien auf dem Land und nicht im Büro. Kollegen als Spiegel habe ich nicht. Ich bin auch Single. Ein Partner kann mir also ebenfalls nicht meine dunkle Seite zeigen. Ich habe auch Hunde und Katzen, die mich ertragen und daher eigentlich immer lieb und nett sind. Mit meiner Mutter gibt es hin und wieder ein paar Missverständnisse, aber meine größten Probleme decken meine Pferde auf – schöne, große Spiegel. Meine Schattenarbeit und meine ersten Selbst-Gespräche befassen sich daher mit Fragen bzw. Schwierigkeiten, die ich mit ihnen hatte und habe. Ich kann verstehen, dass es für Sie vielleicht etwas abwegig sein könnte, weil Sie mit Pferden wenig am Hut haben – aber vielleicht mit Herrn oder Frau Huber? Stellen Sie sich einfach vor, ich hätte eine Auseinandersetzung mit einem von beiden und nicht mit einem Vierbeiner.
Auslöser für mein allererstes Selbst-Gespräch war der Ratschlag eines Ausbilders für „Natural horsemanship“: „Du solltest dich schon einmal fragen, warum dir das immer wieder passiert!“ Mit dem „das“ meinte er dominante Stuten, die mich angreifen. Unser Pferdestall hat Platz für vier Pferde. Mit dreien hatte ich ein gutes Verhältnis – gut, es gibt ja immer was zu meckern… Es war immer das neue, vierte Pferd, bei dem es echt nicht gut lief. Ich hatte es mit Stuten zu tun, die, wenn sie mich schon sahen, die Ohren anlegten (bei Pferden übrigens gar kein gutes Zeichen). Es ist nicht schön, wenn man ein Pferd wieder in die Box bringen möchte, es steigt, versucht einem in den Kopf zu beißen und dann noch einen Tritt zu verpassen. Warum habe ich mir immer wieder diesen Typ von Pferd *ausgesucht*? Bei Ihnen könnte es der falsche Typ Frau oder Mann sein, an den Sie immer wieder geraten...
Mein Umgang mit Pferden war seit diesen Erlebnissen nicht mehr unbekümmert. Angst hat sich eingeschlichen und zwar ziemlich große: Angst, etwas falsch zu machen, Angst herunterzufallen und mir weh zu tun. Und dann die Angst vor der Angst. Pferde spüren, wie alle Tiere, unsere Unsicherheiten und Ängste und reagieren entsprechend. Meinen Schatten sah ich also in der Angst. Generell ist das Thema „Angst“ nichts, was ich nicht schon kenne. Sie steht bei mir in vielen Dingen davor oder

dahinter: Angst davor, dass etwas Furchtbares passiert oder eben als Anhängsel im Falle von Verlustangst oder Existenzangst.
Ich hatte während unserer Bauphase hier in Italien furchtbare Existenzängste. Dass alles viel zu viel kosten würde. Dass mich die Handwerker bescheißen würden. Und dass eben am Ende fast unser ganzes Geld weg wäre. Auf einer Baustelle positiv zu affirmieren, können Sie vergessen. „Think positive“ reduziert sich auf: Irgendwann ist das auch mal vorbei. Eine Freundin hat mir mal erzählt, die Urschrei-Therapie habe ihr sehr viel geholfen und ihre Blockaden gelöst. Ich habe es ausprobiert. Ja, ich muss sagen, dass es ganz gut tut. Die Handwerker kamen deswegen zwar auch nicht wie vereinbart und wurden billiger, sie haben mich aber danach etwas vorsichtiger angeschaut. Sie könnten natürlich einwenden, dass man keine Esokiste braucht, um zu wissen, dass das alles eintreten wird, wenn man vorhat, in Italien ein Haus zu renovieren. Wir hatten zwischendurch einen finanziellen Engpass, aber zum Glück haben meine Hühner Eier gelegt und ich hatte meine selbst angebauten Kartoffeln im Keller. Und zum Glück hatten wir ein paar alte Schmuckstücke, die eingeschmolzen oder verkauft werden konnten. Alles ging gut aus und meine *Ängste* konnten sich dann ganz in Ruhe auf meine Pferde konzentrieren und ich versuchte mich in Schattenarbeit. Ich muss zugeben, ich ging beim ersten Channeling etwas unbeholfen vor und bin auch dabei etwas vom Thema abgewichen. Ich saß also vorm Computer und begann:

Wie werde ich meinen Schatten los?
Liebe ihn.
Wie soll das denn gehen?
Finde etwas Positives an ihm. Dann brauchst du ihn nicht mehr.
O.K., nehmen wir ein Beispiel. Vorher war ich unglaublich wütend auf mein Pferd Illah, weil sie wieder nicht von selbst in die Box ging. Ewig dieses Rumgezicke. Ich hätte sie *umbringen* können. Was daran positiv sein soll? Dass ich wirklich über Leichen gehen würde…? Pfui! Nennen wir es Durchsetzungsvermögen bei Dingen, die ich will?
Tust du gerne, was andere sagen?
Nein. Ich will entscheiden.

Das wollte die Illah auch. Du sträubst dich. Da ist dein Schatten. Der Widerstand. Dein Pferd hat dir auch Widerstand geleistet. Gib ihn auf.
Wie denn? Ich höre schon wieder die Leier von Hingabe, Annehmen, Loslassen. Aber es überkommt mich einfach.
Was widerstrebt dir?
Ohnmächtig zu sein. Nicht allmächtig. Ich würde gerne, oh weh, manipulieren... Mit wem rede ich? (Hatte plötzlich doch a bissl plemplem-Zweifel)
Du nennst es Selbst-Gespräche. Mit dir. Alle Antworten sind in dir.
Oh Mann, schon wieder dieses Eso-Blabla...
Was stört dich daran?
Dieses Heile-Welt-Getue. Nein, das ist falsch ausgedrückt. Ich denke, man erhofft sich Hilfe von Außen... Dass da jemand da ist, der einem wirklich hilft und zur Seite steht. Dass man nicht allein ist...
Du hättest also lieber einen Engel, der mit dir spricht, als eine Stimme in deinem Inneren?
Ja.
Wenn ich dir sage, dass es ein und dasselbe ist?
Heißt das also, die gesamte geistige Welt ist in mir?
So ungefähr.
Geht es genauer?
Es macht keinen Unterschied.
Aber wozu dann Helfer aus der geistigen Welt? Gibt es die überhaupt?
Ja und nein. Es gibt nicht so etwas wie eine geistige Welt, einen anderen Raum. Also, ihr hier, die anderen da. Und ja, es gibt Helfer.
Nochmal ganz langsam. Wie kann ich mir die sogenannte geistige Welt vorstellen?
Am besten gar nicht.
Wo seid ihr denn, dass wir euch nicht sehen können?
Manche Menschen können das.
Na, da habe ich aber so meine Zweifel...
Was möchtest du hören?
Wo und wie ist diese geistige Welt?

Sie ist keine andere Welt. Kein anderer Raum. Es ist alles das, was dich bewegt.
Das ist mir jetzt zu kompliziert… Also, ich rede mit mir selbst… so viel zum Thema plemplem…
Monika, was ist daran schlimm?
Dass ich mir das Ganze einfach nur einbilde.
Und wenn? Wem möchtest du etwas beweisen?
Mir selbst und allen anderen Menschen…?
Dann geh mal davon aus, du bildest dir ein Gespräch mit der geistigen Welt ein. Ist das nicht großartig – die menschliche Vorstellungskraft? Wenn es ein Selbstgespräch ist und du die Antworten erhältst aus dir selbst, die du dir erhoffst. Ist das nicht auch wunderbar?
O.K., Selbstgespräche oder geistige Welt… So ein paar geistesgestörte Mörder haben auch behauptet, sie hören Stimmen. Woher weiß ich, dass ich nicht auf derselben Spur bin?
Gar nicht.
Na super. Diese Stimmen sagten ihnen, dass sie etwas Böses tun sollten. Amoklaufen, Töten usw. sie erhielten Anweisungen etc.. Woran erkenne ich den Unterschied zu einem *guten* Channel?
Bist du noch bei dir?
Das glaubten die sicher auch…
Was möchtest du hören?
Die Wahrheit. Haben sie *nur* den falschen Sender eingestellt?
Nein. Es gibt nur einen Sender.
Warum sagt *der* aber Menschen, dass sie Derartiges tun sollen?
Töten?
Ja. Und andere quälen usw.
Was tust du mit dir?
Na hör mal. Da ist, hoffe ich, schon ein Unterschied!
Diese Menschen sind krank in dem Sinne, wie ihr es definiert.
Und wie sind sie in *eurem*?
Abgelenkt.
Von was? Von Gott?

Monika, auch du bist nicht bei Sinnen, wenn du nicht du selbst bist. Es gibt ein Mehr und ein Weniger.
Warum gibt es das Mehr?
Du meinst, warum gibt es Kinderschänder, Mörder, Vergewaltiger?
Ja.
Auch du warst heute soweit…
Also, alles eine Frage unseres Schattens? Wir sind also immer beides?
Ja.
Warum?
Ihr würdet sagen, weil es Gott so gefällt.
Wie kann einem das gefallen? Wie kann Gott dies schaffen wollen? Ich mag mich nicht, wenn ich so bin. Und es sucht mich immer wieder heim. Was kann ich da machen? Dieses Menschsein. Dieses Negative in mir oder in uns. Wie kann das bitte weggehen?
Erschaffe es nicht neu.
Uah.
Du möchtest ein Engel sein. Dann sei es.
Und wie geht das bitte?
Ohne deinen Schatten erkennst du deine guten Seiten nicht.
O.K., ich habe ihn erkannt. Ich weiß, dass ich schlechte Seiten habe und dass ich die guten lieber habe. Warum kann ich dann nicht auf ewig gut sein?
Sag du es mir, warum du es nicht bist?
Es kommt über mich.
So so. Wie den Mörder…
Aber ich halte zumindest vorher an… Aber ich weiß schon, was du meinst… Vielleicht habe ich in einem früheren Leben – falls es das gegeben hat - noch getötet und es mir nicht nur *vorgestellt.*
Ja. Und irgendwann erkennst du, dass du ES kannst.
Was kann ich machen, damit es schneller geht. Dass ich wirklich in mir bin. Zufrieden. Ausgeglichen. Ohne Wut und negative Emotionen?
Möchtest du das?
Und wie.
Warum?

Erleuchtung. Wissend zu sein. Der eigene ruhende Pol. Wow. In Frieden mit allen und jedem zu sein. Das zu sein, wovon die (sogenannten) spirituellen Meister tönen: Sich seine eigene Wirklichkeit, die man möchte, erschaffen. Besser sein als die anderen. Autsch. Du hast mich erwischt… Scheiße, es geht darum, besser zu sein als die anderen… Wie kann ich das überwinden? Das ist schwer loszuwerden.
Gib nach.
Wem?
Dem Gefühl.

Tolles Channeling… Ich bin eine machtbesessene Fast-Mörderin? Und loswerden tu ich das Ganze, indem ich mich nicht wehre und dem Gefühl nachgebe? Etwas hat mir dieses Gespräch jedoch gebracht. Ich bin in das Gefühl der Wut gegangen. Das war auch nicht sehr schwer, denn als ich darüber geschrieben habe, kam sie wieder hoch und wie… brodel, brodel… und ich bin in der Wut geblieben, das tat richtig gut. Leider. Ehrlich. Es gingen da so ein paar Szenarien in mir ab, über die ich lieber nichts erzählen möchte. Ich kann jedoch bestätigen, dass das Prinzip Nummer fünf (Prinzip des Rhythmus') stimmt. Ich war so circa drei Minuten richtig sauer und dann ging es irgendwie nicht mehr. Es war weg. Und, ob Sie es glauben oder nicht: Ich habe es tags drauf umgesetzt. Am nächsten Morgen sollte Illah nach dem Ausmisten wieder in ihre Box zurück. Ich habe an mein Gespräch gedacht und dass sie entscheiden möchte: Zicken oder in die Box. Und ich habe es zugelassen. Ich war ohne Emotionen bezüglich ihres möglichen Handelns. Wenn sie nicht von selbst reingeht, na und! Dann nehm ich halt das Seil und führe sie rein. Was ist schon dabei? Dieses Gefühl war *ehrlich* in mir. Ich tat nicht nur so, als ob ich ruhig wäre. Und siehe da, sie ging und geht jetzt (fast immer!) ohne Tamtam von selbst in die Box. Ich bemühe mich nun jeden Tag bei dieser kleinen Übung um Gleichmut. Schön, wenn mir das von morgens bis abends gelingen würde…

Selbstachtung

Das Selbst-Gespräch hat mir auch noch etwas anderes gezeigt. Wenn ich etwas in mir oder meinem Leben verändern will, muss ich erst wissen, was genau. Super Pseudo-Weisheit, gell? Das hört sich ganz einfach an, oder? Mir fiel es aber nicht so leicht, genau zu wissen, wo der Schatten-Hund begraben liegt. Motiviert durch das erste Gespräch, bin ich konkreter geworden: meine Angstattacken im Umgang mit Pferden. Als ich mich an den Computer gesetzt habe, ging mir durch den Kopf, dass meine Mutter früher sehr viel Angst vor Pferden hatte. Sie hat sie letztlich überwunden und auf mein Drängen hin das Reiten angefangen. Ich begann zu fragen:

Sind vielleicht die nur scheinbar überwundenen Ängste meiner Mutter nun meine Ängste? Kann man die Ängste eines anderen übernehmen?

Du sagst doch, wir sind alle verbunden. Eins. Die Ängste des anderen sind auch deine.

Also ist meine Angst vor Pferden, eigentlich die meiner Mutter?

Wenn du auf der Ebene des Getrenntseins bleiben willst, gibt es keine konkrete Antwort.

Gut. Es ist eigentlich auch egal, weil jetzt habe ich sie.

Ja.

Wie werde ich sie wieder los?

Denk nach.

Angst vor Pferden zu haben, ist ja nicht nur schlecht, sondern die Erfahrungen haben mir schon gezeigt, dass sie auch gefährlich sein können.

Sie spiegeln.

Bin ich gefährlich?

Nein, fang woanders an.

Wo?

Bei dir.

Ich liebe Pferde. Ich finde sie schön. Wild. Und auf ihnen den Wind zu spüren, ist herrlich.

Und?

Und es ist schön, sich mit ihnen verbunden zu fühlen – dieses Gefühl glaube ich, hatte ich eigentlich noch nie…

Woher weißt du dann, das es schön ist?
Weil es mein Herzenswunsch ist.
Du möchtest, dass sie tun, was du willst.
Ja.
Du hast gemerkt, dass sie das nicht immer tun.
Ja.
Und dann bist du erschrocken.
Ja.
Willst du wissen worüber?
Oh ja.
Die Ohnmacht. Die Unmöglichkeit den freien Willen zu manipulieren.

Das Gespräch wurde unterbrochen, weil ein Freund kam, um mir mit meinem Fohlen Mucki zu helfen. Schon als wir sie aus der Box holen wollten, lief sie gleich wieder rückwärts rein. Sie hat sich vor der Plastiktüte, die auf der Mauer gelegen hat, erschrocken. Pferde und Plastiktüten verstehen sich im Allgemein nicht so gut. Das ist in der Pferdewelt eigentlich nichts Neues. Plastiktüten waren aber auch eigentlich nichts Neues für meine Mucki – wir haben sehr viel damit geübt. Nicht, dass sie und Plastiktüten (ohne Hafer drin) große Kumpels geworden sind, aber sie hat sich ohne Widerstand, ruhig und gelassen damit anfassen lassen, ist an ihnen vorbei und sogar auf ihnen rumgestiegen. Da Pferde Fluchttiere sind, soll die Plastiktütennummer helfen, dass sie diese Dinger kennenlernen und nicht sofort durchgehen – vor allem beim Ausreiten... Nun ließ mich Mucki nicht mal mehr an sich heran und erinnerte mehr an einen wild gewordenen Stier als an ein Pferd. Also weg mit der Tüte draußen auf der Mauer und dafür her mit meinen Vorwürfen und Selbstzerfleischungen! Was mache ich nur immer und immer wieder falsch? Wir haben dann mit dem Fohlen versucht, im „Round-Pen“, einer eingezäunten Kreisbahn, etwas zu arbeiten. Bevor Sie sich mit dem Tierschutz in Verbindung setzen, das Fohlen hat gewonnen… Jede Anfrage meines Bekannten, ob sie vielleicht dies oder jenes machen könnte, wurde mit absolutem Widerstand begegnet. Mucki wollte nicht und nichts. Und ich wollte nicht, dass Mucki etwas musste.

Die anschließende Debatte „Mensch gegen Mensch“ war dann ganz normal: ohne Resultat. Mir wurde vorgeworfen, ich hätte mich an der falschen Stelle eingemischt und die Ausbildung behindert. Ich würde mein Fohlen gar nicht lieben, weil ich ihm nicht beibringe, was Respekt (?) bedeute – ich lasse zu, dass es gefährlich werden würde. Was ich zurückgeworfen habe, weiß ich nicht mehr. (Wahrscheinlich habe ich zu viel an Schnapspralinen gedacht, die ich gerne essen würde, die aber bis abends warten mussten). Sehr viel erwidert hab ich wohl letztendlich nicht, weil ich mir dann anhören musste, ich würde Konfrontationen aus Verlustängsten (?) aus dem Weg gehen. Mögen Sie das auch so gerne wie ich, wenn man Sie mit Ps cho-Klischees bewirft? Genauso wie jemand, der mir in dieser Situation den esoguten Ratschlag geben würde, ich solle aus diesem negativen Gefühl raus und in die Freude gehen. Das nervt! Meine Lösung: Ich habe mich an den Computer gesetzt und ein Selbst-Gespräch begonnen:

Liebes Selbst (ich bin höflicher zu mir geworden),
können wir bitte nochmals dort ansetzen, wo wir stehen geblieben sind? Angst und meine Pferde. Und mein Problem mit „Respekt“… Ich möchte, dass meine Pferde mir gehorchen. Selbst bin ich aber nicht gerne gehorsam. Weil ich mich nicht (gerne) dem Willen eines anderen beuge. Muss man das?
Gehorsam nein. Achtung ja.
O.k., bleiben wir bei der Achtung. Achte ich mich? Nein. Warum? Da gibt es viele Gründe. Sind wir wieder bei dem leidigen Thema der Selbst-liebe angelangt?
Nicht unbedingt, da gibt es noch etwas dazwischen aufzudecken.
Was denn?
Bleiben wir bei der Achtung. Du achtest dich nicht. Gibst also auch nicht auf dich Acht. Das zeigen dir die Pferde. Hab Acht!
O.k. Was kann ich da tun?
Achte auf dich. Hör auf mit dem Rauchen und dem Trinken (hoffe mein Selbst meint nur das Zuviel…)
Was noch?

Achte auf deine Bedürfnisse.
Da bin ich ja gerade dabei. Ich möchte, dass ich mich wohl fühle.
Ja, achte auf dein Wohl.
Können wir nochmals auf das „Hab Acht“ zurück kommen? Ich habe Angst, dass mir etwas mit den Pferden passiert. Da möchte ich doch Acht auf mich haben. Mich stresst es, dass ich Fehler mache. Dass die Angst bleibt. Bitte mein Selbst, hilf mir. Sag mir, was ich tun kann.
Also, bleib ruhig in dir. Du hast erkannt, dass Pferde gefährlich sein können. Dass sie dich nicht immer respektieren. Dass du sie oft nicht kontrollieren kannst.
Andere Menschen schaffen das. Was kann ich tun?
Liebe dich, so wie du bist. Hilflos.
Wenn Pferde meine Angst spüren, ist es ganz aus. Ich werde jetzt auch gleich ganz panisch. Ich habe das Gefühl, ich drehe mich hier im Kreis.
Das tust du.
Möchte ich aber nicht.
Eben, du wehrst dich. Und deine Pferde wehren sich auch gegen dich.
Und wie werde ich das los? Ich habe Angst. Ich denk gerade daran, dass ich Mucki nie Herr werde und mir graut vor dem allen. Bedeutet dann das „nicht mehr wehren“ denn nicht „aufgeben“?
Was würdest du denn aufgeben?
Mich?
Was für ein Mich?
Den Schatten? (höre nichts) Sich nicht mehr gegen die Wehrlosigkeit, die eigene Hilflosigkeit wehren, ist das dann die berühmte Hingabe?
Nein. Das ist Loslassen. Sich nicht mehr wehren.
Wehre ich mich also gegen das Loslassen?
Im Prinzip hast du es ja schon erkannt. Ohne deine kleinen Probleme, woher würdest du da Aufmerksamkeit bekommen?
Ich würde mich aber bedeutend besser fühlen, wenn ich keine Schwierigkeiten mit den Pferden hätte.
Woher willst du das wissen?
Sprichst du jetzt Erfahrungen an?
Nein. Erinnerungen. Es ist alles schon da gewesen.

Was muss ich zuerst angehen?
Wehre dich nicht mehr.
Wogegen?
Gegen dich. Es geht nicht um die Zigarette oder das Glas Wein. Es geht darum, dass du dich dabei nicht achtest – Abhängigkeiten. So wie du dich nicht mochtest bzw. nicht magst, wenn du zu viel Schokolade gegessen hast bzw. isst. Nimm dich hin, so wie du bist. Wehre dich nicht gegen dich. Dann kann Loslassen geschehen. Hab auf dich Acht. Und achte den anderen.
Gut, wenn ich jetzt möchte, dass diese beiden Dinge in meinem Leben geschehen, dass ich so bin, was muss ich dann tun? Ich weiß, ich achte mich nicht, wenn ich zu viel getrunken habe. Dann ist es meist zu spät.
Warum trinkst du so viel?
Weil ich mich dann besser fühle. Da scheint alles irgendwie leichter. Lustiger. Und ich tu so, als ob ich das Leben genieße.
Also, trinkst du, weil du das Leben nicht genießt. Und dein Hangover zeigt es dir dann.
Oh ja und wie! Da ist das Leben nur noch grau. Was kann ich machen, dass ich das Leben genießen kann?
Es annehmen. Dich nicht gegen dich selbst wehren.
Wie mache ich das, dass ich mich nicht mehr gegen mich selbst wehre?
Sei dir deiner bewusst.
Das heißt?
Du bist alles, was du bist. Ganz. Deine Ängste werden immer bleiben. Aber dich nicht mehr behindern.
Also, jeder hat alle Gefühle in sich. Weil wir alle alles sind. Ich kann also meine Angst nicht loswerden.
Richtig.
Wenn sie mich nicht mehr stört (weil ich ja eh nichts dagegen machen kann), blockiert sie mich nicht mehr, muss sich nicht ständig zeigen. Ich hatte als Kind Angst vor Gespenstern. Diese Angst behindert mich jetzt als Erwachsener nicht mehr, weil ich glaube, dass sie mir nichts tun... (Wäre vielleicht besser zu sagen, weil es sie nicht gibt.)

So ungefähr. Jedes Gefühl bringt dich dir näher. Macht dich ganzer. Du bist es zwar, weißt es aber nicht. So wie die Sache mit den Gespenstern.
Also, muss ich etwas überwinden. Meine Ängste überwinden. Ich habe Angst, beim Reiten runterzufallen. Diese Angst werde ich nicht los.
Nein.
Wie überwinde ich sie?
Gar nicht.
Das bedeutet?
Sie stört dich nicht mehr.
Und wie geht das?
Wehr dich nicht gegen sie.
Aber es verändert sich dabei nichts. Ich sage es ja und weiß es auch.
Aber es stört dich.
Und wie.
Also wehrst du dich.
Wie geht das, dass man etwas wirklich hinnimmt?
Wehre dich nicht gegen das Leben und gegen dich.
Ja wie denn?
Lass es zu.
Mach ich doch.
Nein, du willst es loshaben.
Heißt das, dass was ich nicht mehr haben möchte, bleibt?
So ungefähr.
Also ich möchte z.B. keine Angst vorm Runterfallen haben, also muss ich diese Angst haben wollen.
Bingo.
Aber wenn man etwas wirklich nicht will, wie geht das denn, dass man es will? Ich kann mir doch nicht einreden, dass ich happy über diese Angst bin?
Also magst du dich nicht so wie du bist. Mit deiner Angst.
Nein. Weil mich diese Angst blockiert.
Wobei?

Beim Reiten. Beim Reiten glücklich zu sein. Das Richtige zu tun. Pferde spüren dann meine Angst und reagieren darauf. Und sie folgen nicht mehr. Wollen weg von mir.
Genauso wie du vor dir und deiner Angst.
Wir drehen uns schon wieder im Kreis. Ich muss also diese Angst an mir mögen.
So läuft es.
Wie mag ich etwas an mir, das ich nicht mag?
Heile es.
Ja da bin ich doch grad dabei.
Eben.
Wie heile ich diese Angst?
Nimm ihr die Kraft.
Und wie geht das?
Du sagst, sie stört dich, sie blockiert dich. Welches Dich? Frag dich das und heile dieses Dich.
Die Monika, die gerne alles können möchte, gerne perfekt wäre. Und da ist die Monika, die sagt, dass man nicht perfekt sein muss und die andere wehrt sich gegen diese Monika und sagt: „Nein, wenn du das und das nicht kannst, taugst du nichts." Ist nicht die Angst schlimm, sondern was ich darüber denke? Bleibt sie, weil ich ihr die Aufmerksamkeit gebe, so dass sie mich überhaupt stören kann? Gut, jetzt ist sie gerade nicht da und ich beschäftige mich mit ihr. Wenn sie dann *über mich* kommt, betrachte ich sie, lasse sie da sein und denke nicht über sie nach...
Eine Weiterführung habe ich an diesem Tag nicht mehr erhalten. Ich war aber zumindest froh, dass ich nicht mit dem Rauchen aufhören muss, damit meine Pferde nicht mehr steigen. Ich habe erfahren, dass nicht nur die Angst mein Problem ist, sondern auch die Achtung vor mir selbst. Und dass ich mich gegen mich selbst wehre. Ich bin dabei zu begreifen, dass Selbstachtung auch damit zu tun hat, zu erkennen, was einem an sich nicht gefällt. Sich selbst wertzuschätzen oder zu achten funktioniert also nur, wenn ich mich auch *unwertig* mag...

Loslassen

Diese Wörter: „Annehmen“, „Loslassen“... Und die Sätze: „Du musst einfach loslassen! Nimm einfach an, was kommt!“ Ich komme mir dann vor wie im Film. Kennen Sie die Szene aus „Der Schuh des Manitu“, in der die beiden an den Marterpfahl gebunden sind? Der eine sagt: „Geh, leck mich doch am Arsch!“ Und der andere erwidert: „Ja wie denn?“ Wie bitte geht loslassen? Was muss ich tun? Apropos *Müssen*:

Mussten Sie schon einmal ganz dringend aufs Klo? So ganz, ganz dringend? Wenn man dann endlich diesen Druck loslassen darf, kann man erst gar nicht... Und endlich geht es! Ah, wunderbar. Man denkt endlich mal gar nichts und gibt sich einfach dem Wasserlassen hin. Müssen wir deshalb *müssen*, damit wir verstehen, was Loslassen oder Hingabe ist?

Neben meiner hochspirituellen Auseinandersetzung mit diesen beiden Begriffen, setzte sich mein Leben im Außen weiterhin mit den Wörtern „Plastiktüte“ und „Pferd“ auseinander. Ich kam auf die glorreiche Idee, eine kleine Plastiktüte neben dem Futtertrog meines Fohlens anzubinden. Der Futtertrog ist übrigens auch aus Plastik. Im Gegensatz zu ihm wurde die arme kleine unschuldige Plastiktüte erst empört angeblasen, dann angeschnuppert, dann angebissen, schließlich weggezogen und blieb im Mund... Mein Fohlen ist in der Box rumgehüpft und die Plastiktüte mit ihr. Warum lässt sie bloß nicht los? Mucki lass einfach los! Ich bin in die Sattelkammer gerast, um Karotten zu holen (Ablenkungsmanöver). Mein Wallach hat sich die Sache ruhig angeschaut. Er hat ja auch kein Problem mit Plastiktüten. Endlich fiel das Ding aus dem Mund und machte den Karotten Platz. Uff! Die Moral von dieser Geschichte: Loslassen ist das Gegenteil von Festhalten (Bin ganz schön stolz, auf meine geistig-spirituelle Entwicklung!). Mucki findet übrigens seit diesem Vorfall Plastiktüten eher langweilig, während ich das Thema „Loslassen“ noch nicht ganz loslassen kann:

Liebes Selbst,

es geht wieder mal um das leidige Thema „Loslassen“.

Du solltest besser sagen „Annehmen“!

Gut, ich lasse meine Sorgen also nicht los, sondern nehme sie an? Und wieder frage ich, wie kann ich etwas an mir annehmen, das ich nicht mag? Und wozu soll das gut sein?
Alles das, was wir ablehnen, kehrt zurück. Bleibt.
Warum ist das so? (Könnte vielleicht helfen, das Berlusconi-Phänomen zu erklären.)
Weil nichts abgelehnt, nichts verurteilt werden soll.
Warum? (Komme mir vor wie ein Kleinkind, das auch immer nur diese eine Frage stellt, bis man am Ende angelangt ist und kein Darum mehr weiß…)
Darum (grinst). Alles hat seinen Platz. Es ist ein Wachstumsprozess. Alles wird erfahren.
Aber ich muss doch nicht erst die Hand ins Feuer halten, um zu wissen, dass es brennt…
Wie oft hast du dich schon verbrannt?
fter… nicht nur am Kamin.
Siehst du, es hat also nicht gereicht, zu hören oder zu wissen, wie du sagst, dass Feuer heiß ist.
Na, also auf die Erfahrung hätte ich gerne verzichtet und ich habe meine Hand da nicht absichtlich reingehalten.
Es gibt kein unabsichtlich und kein zufällig (lächelt). Das Feuer ist heiß. Es wärmt und es verbrennt. Es hat seine zwei Seiten. Wie alles. Du kannst die eine Seite nicht ohne die andere haben. So ist es auch mit dir. Wenn du dir deinen Schatten ansiehst, wie du es nennst, wirst du dein Licht sehen. Das eine kann nicht ohne das andere sein. Der Schatten bleibt, verändert sich aber.
Wie kann etwas bleiben, sich aber trotzdem verändern?
Deine Einstellung verändert sich. Deine Sichtweise. Das Feuer ist immer das Feuer. Ist es schlecht? Ist es gut?
Können wir vielleicht ein Beispiel machen, für etwas, dass ich in mir gelöst haben möchte, etwas, das ich nicht mag?
Nur zu.
Ich weiß gleich gar nicht, wo ich anfangen soll. Da gibt es so viel…
Schrittweise.

Gut, nehmen wir doch das. Ich will alles immer auf einmal und sofort. Das Wort „Geduld“ mag ich nicht. Ich treffe Fehlentscheidungen. Renne mit dem Kopf durch die Wand und schaue auf der anderen Seite wieder raus. Und dann frage ich mich, wie ich denn da hineingeraten bin. Dann kommt das Übliche: Selbstvorwürfe, Selbstzweifel usw.

Was siehst du dir denn nicht an?

Keine Ahnung.

Du möchtest gerne überlegt, bedacht und ruhig handeln.

Wenn ich das versuche, wird es oft noch schlimmer. Da kenne ich mich dann gar nicht mehr aus.

Dir fehlt das innere Gefühl?

Ja, genau, dieses oaaaaaaaaaam, dass einen immer sicher in den Hafen leitet. Ich lande immer draußen und strample dann zurück… Was ist das für ein Schatten, was soll ich mir da anschauen?

Geh mal in das Gefühl, das du nach einer deiner sogenannten Fehlentscheidungen hattest.

Macht aber keinen Spaß… (geht schon los: Du blöde Kuh, wie konntest du denn…blabla). Es kommt Verzweiflung, Kritik. Ich möchte immer das Richtige machen. Liegt es daran?

Nein. Geh tiefer.

Tiefer?

Warum hast du Angst, etwas falsch zu machen?

Tolle Frage…. es macht nicht so viel Spaß, sich aus der Scheiße wieder rauszureiten… Ich will da nicht hin. Scheiße finde ich nun einfach mal Scheiße!

Und immer wieder landest du drin.

Jupp. Und jetzt? Was schaue ich mir denn nicht an?

Was lässt dich denn letztlich so handeln, wie es dir nicht gefällt?

Monika, die Doofe.

Warum ist sie doof?

Na, weil sie mich immer wieder in Kack-Situationen bringt. Immer wieder und immer wieder. Also, wie doof muss man denn da sein? Ist das der Aspekt, den ich annehmen soll? Mein Doofsein? Verlangst du, dass

ich in das Gefühl reingehen soll, wenn ich mich mal wieder so richtig blöd benommen oder angestellt habe?
Nicht nur. Gehe weiter.
Weiter?
Du weißt nicht alles. Du möchtest in die Zukunft schauen, damit du die Entscheidungen in der Gegenwart richtig fällst.
Ja, was ist daran denn falsch, bitte?
Hast du Angst vor der Zukunft?
Ja.
Warum?
Ich denke, sie bringt nichts Besseres. Das war bisher auch oft so.
Du beurteilst die Zukunft mit Erfahrungen aus der Vergangenheit.
Wie sollte ich es denn sonst machen?
Und die Erfahrungen waren nicht so gut?
Viele nicht, nein.
Vergibst du dir und den anderen?
Ich bemühe mich. Bitte sag mir jetzt nicht, dass, wenn ich mir immer vergebe, ich keine Fehlentscheidungen mehr treffe und geduldig werde!
Warum nicht?
Und wie vergebe ich mir auf die richtige Art und Weise? Von wegen Fehler und so... In mir ist alles auf Ablehnung geschaltet Das kann doch nicht sein, dass sich das alles auf dieses Vergeben reduziert. Immer wieder der ganze Bla von Selbstliebe.
Siehst du.
Wie funktioniert richtiges Vergeben?
Geh in deine Ablehnung. Deinen Widerstand.
Da kommt jetzt aber wieder ganz schön viel grau hoch, mein Lieber…
Du bist nicht richtig drin in dem Gefühl.
Ich weiß… ich mag nicht… es fühlt sich an wie der Widerstand gegen den Widerstand. Die Ablehnung der Ablehnung.
Gib sie auf.
Wie?
Lass sie da sein.
Aufgeben oder Dalassen? Könntest du dich bitte entscheiden?

So wie du?
(Ich muss über diese Antwort lachen...) Mir wird das Ganze jetzt etwas zu blöd – ist das Verdrängen?
Es ist das, was du möchtest, das es ist. Glaubst du dir deine Ablehnung genügend angeschaut zu haben?
Keine Ahnung.
Kannst du diese Ablehnung annehmen – da sein lassen?
Was bleibt mir anderes übrig? Ich entkomme dem Ganzen ja doch nicht.
Das ist Resignation.
O.K., ich versuche, positives daran zu finden. Ablehnung abzulehnen ist ja schon mal gar nicht so schlecht. Und Widerstand gegen den Widerstand zu leisten auch nicht. Bringt allerdings nichts. Womit wir wieder bei der Resignation wären. Gehe ich jetzt in das Gefühl rein, wie es sich anfühlt, etwas wirklich abzulehnen... müsste sich eigentlich das Annehmen spüren lassen (von wegen kosmische Gesetze Nummer drei und sieben). Ah! Muss ich erst die totale Ablehnung erfahren, um Annehmen empfinden zu können? Widerstand gegen Vergebung? Wie furchtbar...
Was ist daran furchtbar?
Na, erst muss man kräftig Aua haben, damit nachher heile, heile Segen kommt. Und ja, ich lehne mich jetzt sehr auf!
Wogegen?
Wie es läuft... das Leben. Nein, einige Sachen passen mir gar nicht. Wenn ich es schaffe, das Leben in seiner Gesamtheit anzunehmen, nicht als Resignation, ist das dann Erleuchtung?
Fast.
Fast?
Es gibt dann nichts, was du nicht bist.
Ich bin dick und dünn? (Spässle).
Ja, du brauchst die Dualität nicht mehr. Du hast dich als Individuum erkannt und kannst ganz sein.
Also, ich muss mich erst als vollständig getrennte Person empfinden und dann kann ich das aufgeben und, wie sagt man da wohl, verbundenes Sein werden?
Eher würde es treffen: Alles sein.

Und das alles schrittweise, wie du gesagt hast… Warum trete ich dann manchmal auf der Stelle? Und meine Rückschritte?
Woher weißt du, welches die richtige Richtung ist?
Eben, da habe ich ja zu Beginn meines Selbst-Gesprächs angefangen! Das war ja gerade mein Problem! Von wegen richtiger Entscheidungen und so. Toll, schon wieder drehe ich mich im Kreis!
Hast du es jetzt verstanden?
Was?
Woher weißt du, welches die richtige Richtung ist?
Das sagt mir mein Gefühl…? Schlechtes Gefühl, falsche Richtung. Gutes Gefühl, richtige Richtung….?
Jetzt lass mal „gut" und „schlecht" weg.
Gefühl, falsche Richtung. Gefühl, richtige Richtung.
Und jetzt lass „Gefühl" weg.
Falsche Richtung. Richtige Richtung.
Und jetzt „falsch" und „richtig".
Richtung. Richtung.
Wertfrei!
So von wegen: Ich bin der Weg, die Wahrheit und das Leben? Na, da hab ich ja etwas zu tun…
Hatte ich auch. Ich musste nach diesem Gespräch in den Pferdestall – Ausmisten. Eine Tätigkeit, der ich eigentlich ziemlich neutral gegenüberstehe – im Prinzip. Nicht aber wenn hermetisches Prinzip Nummer fünf (Prinzip des Rh thmus) mir dort begegnet: So alle paar Wochen scheißt mein Wallach in das Getränke-Becken… Warum macht er das? Was soll mir das sagen? Auch er macht manchmal Mist? Nicht nur meine Stuten? D.h. er wollte sie nicht immer scheiße da stehen lassen? Oder ganz einfach: Er hatte halt seinen Arsch gerade da, als er musste. Warum frage ich mich das überhaupt? Weil ich mich über jeden Scheiß aufrege? Oder jeden Scheiß hinterfrage? Oder ist in mir so viel Scheiß, dass ich ihn allerorts anziehe (von wegen Resonanz und so)? Und diesem ganzen Mist, soll ich wertfrei gegenübertreten, damit Loslassen oder Annehmen geschehen kann?

Ich denke nicht, dass ich auf alle Fragen eine Antwort bekommen werde. Geschehenes lässt sich nicht ungeschehen machen. Ich kann mich fragen, wie ich am besten damit umgehe, aber letztlich nicht warum es geschehen ist. Alles hat seine Ursache, auch die Ursache und wieder deren Ursache usw. (Prinzip Nummer sechs: Kausalität). Wir müssten vielleicht zum Anbeginn der Zeit zurück. Vergangenheitsbewältigung hat seine Grenzen... Aber in Zukunft soll alles besser werden! Und da genau beißt man sich dann wie die Katze in ihren Schwanz (meine Katzen tun das nicht – ich wollte einfach mal ein anderes Tier ins Gespräch bringen). Wenn alles in meinem zukünftigen Leben besser sein soll, muss ich in Zukunft auch besser sein? Es hapert also gewaltig an meiner Wertschätzung - jetzt. Daher reagiere ich auch von beleidigter Leberwurst bis zur Leberwurstfabrik auf Kritik.

Eigenwert

Mein Nicht-genug-sein bringt mich in allerhand Schwierigkeiten. In der Weinflasche ist nie genug Wein und in der Zigarettenschachtel sind immer zu wenig Zigaretten. Dafür aber habe ich in anderen Sachen ganz schnell genug: Beziehungen, Arbeit, Diskussionen mit Frau Mama und von allem.

Was aber tun, damit ich genug (für mich) bin?

Ich könnte mir jeden Tag laut vorsagen: „Ich bin genug. Ich bin genug." Was aber mit der Stimme machen, die dann sagt: „Nee, biste nicht!" Einfach still sein? Für eine Quasselstrippe wie mich ein Ding der Unmöglichkeit (kosmisches Prinzip Nummer eins hin oder her).

Jetzt könnte ich natürlich auch sagen, das kommt daher, weil mein Papa zu streng gewesen war und ich es ihm nie Recht machen konnte. Stimmt aber in meinem Fall nicht. Meine Mutter war schon streng, aber solange ich gute Noten nach Hause gebracht habe, war alles paletti. Meine Familie ist stark leistungsorientiert. Aber selbst wenn ich daher einen Knacks weg hätte, würden mir Schuldzuweisungen wenig bringen. In Esokreisen ist das eh klar, weil es so etwas wie Schuld im Kosmos nicht gibt! Manche führen diese Schuldsache bis zum absurdum: Man braucht sich daher auch nicht entschuldigen... Und „es tut mir leid!" darf man aus esoh sterischen Gründen auch nicht sagen, weil da das Wort „Leid“ drin ist und mit dem wollen wir auf keinem Fall in Resonanz gehen. Also, sorr ! Was soll ich denn dann sagen, wenn ich Scheiße gebaut und jemandem weh getan habe? Einige Leute würden es sicher missverstehen, wenn man sagen würde: „He , das ist alles deins! Du wolltest das so! Du projizierst dein unharmonisches Inneres ja bloß auf mich! Und dein Karma könntest du auch mal bei Gelegenheit überprüfen!“ Ich stelle mir gerade meine Mutter vor. Mein Karma wäre dann sicher nicht gut. Ich könnte sagen: „Bitte vergib mir!“ Damit geht aber mein Inneres so gar nicht in Resonanz. Vielleicht sollte ich es mehr üben? Ich vergebe mir und allen alles!

Ich bin ziemlich vergesslich, insbesondere was Geburtstage anderer und Regenschirme anbelangt. Aber wehe mein Geburtstag wird nicht entsprechend gewürdigt und jemand nimmt aus Versehen meinen Regenschirm mit nach Hause. Ich frage mich gerade, wie ich vom Thema „eigene Wertschätzung“ auf Regenschirme gekommen bin…? Vielleicht weil sie eines gemeinsam haben: Wenn man sie braucht, ist nichts von beidem da? Einen neuen Regenschirm kann ich mir wieder kaufen. Aber woher bekommt man “ich bin genug“? Ich habe mich natürlich mal wieder selbst gefragt. Es war einer von jenen Tagen, an denen ich wieder mal genug von mir hatte. Ein Bekannter sah etwas zu, wie ich mit meinem Fohlen arbeitete. Sie wäre ohne entsprechendes Kommando los galoppiert und ich hätte nicht entsprechend reagiert. Er hätte ihr so etwas nicht durchgehen lassen. Muss man denn immer gleich „pfui!“ sagen? Es braucht ganz wenig, um mich absolut zu demoralisieren. Pfui Monika!

Liebes Selbst,

da ist wieder die Angst, alles falsch gemacht zu haben. Dann ist da auch schon wieder die Wut wegen der Kritik... dann Wut auf mich… Ich kann einfach Fehler machen nicht ab! Ich möchte Superwoman sein. Wie werde ich Superwoman?

Wozu, um es anderen zu zeigen?

Ja, aber auch mir.

Was willst du dir beweisen?

Dass ich gut bin. Nein, ich bin mir nicht gut genug. Sind wir mal wieder da? Was kann ich tun, damit ich gut genug für mich bin?
Lacht. (Ich hatte ehrlich das Gefühl, ich lach mich selbst aus, wo ich mich doch grad so schön selbst bemitleide.) Du hättest auch am lieben Gott etwas auszusetzen. Es geht nicht darum, deine Fehler auszumerzen. Es geht darum, die Schönheit zu erkennen.
Was für eine Schönheit?
Deine.
Und wie geht das? Wie bin ich gut genug für mich? Hallo! (Wieder empfinde ich, dass sich da jemand köstlich auf meine Kosten amüsiert.) Wie schaffe ich es ehrlich zu empfinden, gut genug zu sein?
Schrittweise. Ein Prozess. Sei nicht streng zu dir. Lass dich sein wie du bist, ja mit all deinen Fehlern.
Das geht aber nicht!
Fangen wir anders an. Was fehlt dir, um gut genug zu sein?
Perfektion. Emotionslosigkeit. Alles können.
Du möchtest wirklich alles können?
Ja, ja schon kapiert. Bin jetzt nicht so scharf drauf, ein guter Metzger zu sein. Wir waren schon mal da, ich bin nicht gut genug für mich, weil ich gerade dieses „gut genug für mich sein" nicht hinbekomme.
Bleib da!
Ich verliere gerade die Lust an der Sache. Ich bin im Selbstmitleid und voller „Ich schaffe es ja eh nicht" und so… da kommt keine Antwort aus mir raus. Frust! Du dummes, dummes Scheiß-Ich. Habe gerade auch ein paar Mordgelüste.
Wen möchtest du töten?
Die Kack-Monika, die nichts zu Wege bringt. Die das Geheimrezept für das Sich-selbst-genug-sein nicht findet.
Die Kack-Monika bringt dich zum Schreiben und zum Nachdenken. Die Kack-Monika hilft dir, dich zu entwickeln.
Ja, und die Kack-Monika blockiert mich.
Damit du überwindest.
Bin ich mir genug, wenn ich jeden dieser Kack-Monika-Herausforderungs-Prozesse mache?

Bingo. Da hast du doch genug…
Machen wir ein Beispiel? Also, die Kack-Monika möchte perfekt sein. Weil sie sich selbst nicht genug ist, eben keine Fehler mag. Da beißt sich doch die Katze in den Schwanz.
Die Kack-Monika treibt dich an, dass du dir selbst genügst.
Läuft das jetzt wieder darauf hinaus, dass ich diese Kack-Monika mögen und ihr dankbar sein soll?
Auch.
Was noch?
Die Kack-Monika lehrt dich jedes Gefühl. Jetzt hast du das Gefühl, nicht genug für dich zu sein, dich nicht zu mögen, dich abzulehnen. Wenn du in diesem Gefühl bleibst, dich konzentriert hineinsteigerst, spürst du, dass etwas in dir sagt: „Nein. Das stimmt doch nicht“. Oder wie in deinem Fall über dich lacht.
Ja toll, das ist dann genau das, was ich brauche!
Dieser Widerstand gegen den Widerstand, gegen dich, ist dein „Ich bin genug“. Verstehst du, warum du erst Widerstand empfinden sollst? Du wehrst dich gegen dich. Dann wehrt sich etwas in dir, dass du dich gegen dich wehrst.
Das ist doch ein Superbeispiel für absolute Zerrissenheit.
Nein, das ist das Dich erkennen.
Bedeutet das, wenn ich in dem Gefühl bleibe, mich gegen mich zu wehren, mich abzulehnen usw., komme ich auf die Eigenliebe?
Da ist etwas in dir, dass das nicht möchte. Dass dir antwortet.
Diese Stimme höre ich aber sehr selten. Wenn ich richtig wütend auf mich bin, kommt Verzweiflung.
Und dann kommt etwas, das diese Verzweiflung nicht möchte. Etwas, dass dich spüren lässt, dass du nicht verzweifelt sein solltest und auch nicht zu sein brauchst. Die Verzweiflung entspannt sich. Nimmst du diesen Prozess an, kannst du gar nicht anders als zu spüren, dass du dir selbst genug sein kannst. Du kannst dir selbst alles sein: Helfer, Tröster, Retter… was du brauchst und möchtest, auch die Stimme, die dir sagt, du bist schon genug für mich.
Uff. Warum bin ich jetzt so platt? Keine Glückseligkeit?

Du bist da, wo du hinwolltest. Das „Geheimrezept". Du glaubst nicht? Das ist eine andere Geschichte.
Weiß ich das jetzt wirklich?
Ja.
Nach diesem inneren Dialog habe ich nicht mehr viel zu Wege gebracht. Meine Stimmchen ließen mich in Ruhe. Am Nachmittag kam eine Freundin zu mir in die Sauna. Sie meinte, ich würde aussehen, als hätte ich gekifft. Auch am Telefon hätte ich ihr diesen Eindruck vermittelt – total gaga. Sie hätte sich deswegen schon ein paar Gedanken um mich gemacht. Ich weiß nicht, ob ich sie wirklich beruhigen konnte. Ich habe erklärt, ich hätte heute herausgefunden, wie das geht, mit dem Sich-selbst-genug-sein: Es ist das Ergebnis eines inneren Dialoges. Jeder Fehler, alles was wir als negativ oder schlecht empfinden, kann uns immer näher an unser Selbst heranbringen und uns das Gefühl geben, alles sein zu können: zufrieden, glücklich und vielleicht auch mal erfolgreich. Meine Freundin hat mich schon etwas komisch angeschaut. Vielleicht lag es ja bloß an meinem Italienisch...

Annehmen

Jeder Schatten in mir bringt mich also zu meiner hellen Seite. Klingt ganz einfach. Dann braucht er sich nicht mehr zu zeigen, weil ich ihn ja angenommen habe – geheilt habe... Ich dachte, ich hätte ES nun kapiert und nun alles im Griff. Zum Glück ist ES nicht ganz so leicht. Ich musste erfahren, dass das Ganze ein Prozess ist, und es gar nicht so schön ist, wenn wieder einer der schlafenden Schatten-Wauwaus aufwacht. Er hat ziemlich laut gebellt und mich gebissen. Allerdings hat er mich auch davor bewahrt, zu einer unerträglichen Besserwisserin zu mutieren. So von wegen: „Du musst einfach mit dir channeln, um dir deine Schwachpunkte anzuschauen, dann wird sich auch dein Leben ändern!" Und da lag der wirkliche Hund begraben. Ich wollte mich verändern, damit es mir im Außen besser ginge. Ich hatte alles an eine Bedingung geknüpft. Ich wollte mich nicht um meiner Selbstwillen ändern, sondern, damit mir – falls etwas dran ist an der hermetischen Lehre – auch nur Schönes und

Gutes widerfährt. Natürlich haben mir das wieder mal meine Pferde gezeigt.

Die Stute meiner Mutter ist gestorben und ich dachte, sie sollte doch auch wieder ein Pferd haben. Eine leere Box ist auch etwas traurig. Zwischendurch haben wir uns überlegt, ein braves, altes Pferd zu nehmen, das seinen Lebensabend bei uns verbringen könnte. Da stellte sich aber die Angst vor dem Tod quer. Ich wollte nicht, dass meine Mutter Karotten verteilt und sich denkt, mein Gott, wie lange hab ich dich noch... Sie hat sich, seitdem wir in Italien sind, von vier ihrer Pferde verabschieden müssen und das hat sie sehr mitgenommen. Über ein paar Ecken erfuhren wir von einem bekannten Ausbilder. Der hat sich dann auf die Suche nach einem passenden Pferd gemacht und es auch gefunden: eine vierjährige spanische Stute.

Ich habe mir die Stute angeschaut. Bildschön. Ich bin sie nicht geritten, sondern der Herr Vermittler. Ich saß bei dem Ausritt auf seinem wirklich braven, super ausgebildeten Hengst. Sie ist ein paar Mal gestolpert. Das gefiel mir nicht so. Es wurde mir versichert, es läge am Beschlag, der wirklich grausig war. Mir wurde erzählt, das Pferd könne nur auf Anweisung des Besitzers neue Hufeisen bekommen. Wenn wir es beschlagen ließen, wäre es unseres. Ein neues Gesetz in Italien...?. Ich hatte von dem Gesetz noch nie etwas gehört. Aber wenn das gesagt wird, wird es schon stimmen. Wer der Besitzer zu diesem Zeitpunkt noch war? Jemand zwischen Spanien und Rom. Sonst bin ich so ein Zweifler, aber in diesen Fällen glaube ich ganz dumpfbackig vor mich hin. Ich wollte es auch dem Pferd nicht zumuten, dass es noch länger mit diesen Eisen rumläuft bis ich es ausprobiert und für gut befunden habe. Haben Sie schon mal mit drückenden Schuhen einen Rucksack getragen?!

Dann meinte der Herr Händler, er werde sich schwertun, wieder ein derart braves Pferd für uns zu finden. Gut, sie wäre jung und könnte noch nicht sehr viel – aber das wäre nicht das Problem. Ich habe sie gekauft und sie sollte noch eine gewisse Zeit bei ihm im Beritt, d.h. in der Ausbildung bleiben. Ich war an diesem Tag echt ruhig und gelassen. Ich dachte, von wegen kosmisches Gesetz und so, dieses Mal werde ich das *richtige* Pferd anziehen. Schließlich hatte ich ja an meinen Ängsten

gearbeitet, sie mir angeschaut. Mein Selbst befragt. Alles, wovon ich glaubte, dass ich tun muss, damit ES endlich klappt…
Als sie mir gehörte und neu beschlagen war, bin auch ich mit ihr ausgeritten – der Hengst begleitete uns wieder, nur dieses Mal war sein Herrchen drauf. Es kamen Motorräder, Autos vorbei, wir mussten über Brücken und Hunde haben durch Gartenzäune gebellt. Der Hengst wollte an einem hässlich zugeschnittenen Baum nicht vorbei, sie schon und zwar schnell (ich auch – wie kann man einem Baum nur so etwas antun…) Kurzum, sie war echt brav und ich von Anfang an ruhig und glücklich.
Die Zeit beim Ausbilder verkürzte sich. Tara hatte sich am Huf verletzt und sollte nicht geritten werden – auf unbestimmte Zeit. Wir dachten, es wäre das Beste, sie würde zu mir kommen. Ich fand es ganz furchtbar, nur am Telefon zu hören, wie es ihr geht und was der Tierarzt und der Hufschmied dazu sagten. Ich war in der Zeit einmal bei ihr, um ihr homöopathische Mittel zu bringen. Auf dem Weg zur Box wäre sie vor lauter Humpeln fast hingefallen. Furchtbar. Mein Schmied stellte später fest, dass ihre Hinterhufe einmal sehr, sehr schlecht zugeschnitten wurden. Es waren sogar noch die Hämatome zu sehen. Ihre Probleme mit den Vorderbeinen konnten dadurch bedingt gewesen sein. Und ihr Stolpern.
Tara sollte kommen und ich war in freudiger Erwartung, zumindest bis zum Tag der Ankunft. Dann kam auch sie: meine Angst! Obwohl ich sagen muss, dass das, was ich da hatte, mit Angst nichts mehr zu tun hatte. Das waren wirklich physische Schmerzen. Es gab nichts an und in meinem Körper, das nicht weh getan hätte – vor Angst… Einer Angst, die ich nicht greifen konnte. Ich wusste nicht, woher sie kam und wovor ich Angst hatte. Sie war einfach da und hatte mich.
Der Herr Ausbilder meinte, ich hätte jetzt Zeit, ein Feeling mit ihr aufzubauen. Mannomann, was für ein Feeling? Ich fühlte mich so was von neben der Spur. Ich hatte echt zu tun, einfach nur zu atmen. Ehrlich. Ich sollte sie auf dem Reitplatz frei laufen lassen, damit sie selbst entscheidet, wie schnell und wie lange sie mit ihrem verletzten Bein rennen will. Das habe ich gemacht. Ich muss sagen, ich habe noch nie ein Pferd gesehen,

dass in der Box so rumgebockt hat (trotz 2,5 Stunden Transport und wehem Fuß) und ich habe noch nie ein Pferd gesehen, das so rennt. Als ich sie auf dem Platz rumführte, hat sie neben mir gebuckelt und wollte weg... Ich weiß, Pferde spüren oder hören den Herzschlag eines anderen bis zu 35 Meter. Und meines hat geschlagen! Für ein Fluchttier wie das Pferd ist das ein Signal: nichts wie weg! Nach ihrer Rennerei hat sie sich aber wieder nehmen und in den Stall bringen lassen. Ich hörte dann vom Ausbilder, dass sie vorher vier Tage gestanden hätte. Also, die Rennerei war verständlich.

Am nächsten Morgen schaffte ich den Weg in den Pferdestall, trotz meiner vor lähmenden Angst. Tara bockte wieder in der Box rum. Ich habe sie auf den Reitplatz gebracht, damit sie laufen kann, während ich ihre Box ausmistete. Oh Gott, da draußen läuft „Speed Gonzales“... Sie hat sich allerdings nicht nur ausgetobt – da war mehr... sie hatte auch Panik und ich erst, dass sie durchbricht. Die Stangen der Einzäunung haben gewackelt, als sie einmal dagegen lief. Sie hat sich wieder nehmen lassen. Ich hörte dann wieder hinterher, dass sie beim Ausbilder noch nie alleine auf einem Platz gelaufen wäre...

Meine arme Mutter hat mit mir gelitten. Auch sie wurde immer blasser. Ich wollte dann Tara nur noch an der Longe, einer sehr langen Leine, laufen lassen. Das kannte sie ja. Vor dem Reiten wurde sie immer in einem Round Pen ablongiert, damit sie sich *entladen* konnte. Ich hatte es mit einer Schnellfeuerwaffe zu tun, die, wenn einmal abgedrückt, bis zum Ende durchschießt. Ich habe mir gut zugeredet, von wegen „ich habe ja auch etwas über Bodenarbeit nach einer bestimmte Methode gehört und gelernt“. Als ich mit diesen einschlägigen Methoden angefangen habe, hatte ich dann genau das, wovor mir gegraut hat: ein steigendes Pferd – und das ziemlich nahe an mir dran... ol .

Auf meinem Round Pen konnte ich sie nicht laufen lassen, da ist nur Schlamm. Ich wollte immer schon, dass Sand gebracht wird. Aber es hat nie geklappt. Entweder war das Wetter schlecht oder der Bagger-Mensch war nicht auffindbar. Ich musste jetzt da durch. Durch meinen großen Reitplatz mit einem Pferd, das Flamenco tanzt und durch mich...

Ich hatte immer Angst, dass Tara sich auch verletzen könnte. Ich hatte so ein furchtbares Bild vor meinen Augen: Das Pferd rutscht aus und landet unter dem Tor. Ist sie dann auch. Zum Glück konnte sie sich befreien. Sie ist mit ein paar kleinen Schürfwunden davongekommen. Bei mir sitzen die Wunden tiefer.
Es ist nicht nur, dieses „schon wieder das *falsche* Pferd", was mir so weh tut – abgesehen davon, dass ich in meine Misere auch noch ein anderes Lebewesen mit hinein gezogen habe. Das Geld, das ich durch meine Pferdkäufe verloren habe, ärgert – aber ich habe es schließlich verdient (den Geldverlust meine ich), oder? Was mir wirklich was getan hat, ist, dass ich nichts machen kann. Es ändert sich nichts. Nichts hilft.
Trotz meiner Selbst-Gespräche kam und blieb die Angst. Wie konnte ich auch bloß an den Scheiß von Channeling glauben? Trotz der Hilfe meiner Lehrerin in Sachen Tierkommunikation, Frau Beate Seebauer, nichts. Trotz energetischer Behandlungen, nichts. Brave Pferde mache ich verrückt. Ich kann versuchen, an meinem Inneren zu arbeiten – ob und wann sich der Erfolg einstellt... Fragezeichen. Nichts funktioniert. Keine frohe Botschaft. In Sachen „alles hinschmeißen" bin ich gut. Und aufgeben kann ich super und meine eigene Sinnlosigkeit hervorragend bemitleiden. Obwohl ich Letzteres dieses Mal nicht ganz so fest getan habe. Ich müsste eigentlich viel, viel wütender auf mich und deprimierter oder frustrierter über mich sein. Hat das Sprücherl von Beate geholfen, dass ich immer aufsagen soll: „Wie kann ich in Frieden und Vertrauen mein Leben leben?" Angeblich sollen durch diese auf positive Antworten ausgerichtete Fragestellung, eben solche positiven Antworten kommen. Im Gegensatz dazu, wenn man fragt: „Warum ist mir denn der Scheiß schon wieder passiert?" Da kommen dann Lebenssituationen, die einem zeigen, warum: weil doof, weil blöd, weil unfähig, weil Hosenscheißer, weil kotz, weil würg.
Ich habe Tara einer Freundin geschenkt. Diese Freundin hat einen Reitstall in der Nähe. Den Pferden geht es dort gut. Sie haben große Koppeln und Menschen, die mit ihnen umgehen können. Wie nicht anders zu erwarten war, ist Tara bei meiner Freundin brav. Sie geht im Schritt und im langsamen Trab an der Longe. Ich habe viele Gründe gehört, was

ich falsch gemacht habe, was falsch gelaufen ist. Meine Mutter sieht den Sinn in der ganzen Sache, dass sie aufhören soll zu reiten. Sie wäre vielleicht runtergefallen, weil sie alt ist und keine Übung mehr hat. Und hätte sich vielleicht verletzt. Für mich ist das etwas weit hergeholt...

Ich habe *aufgegeben*. Ein neues Pferd will ich nicht mehr. Ich hatte so was von genug (von mir) – ein etwas anderes Gefühl als das „ich bin genug"... vielleicht bin ich ja schon nahe dran? Es geht ja schließlich nur um zwei kleine unterschiedliche Wörter: haben oder sein. Ich habe mich auch ergeben. Ich kann nichts dagegen tun. Wenn etwas so sein soll, dann ist es so. Frieden erreicht man doch, wenn man nicht mehr kämpft, oder? Es hat mir etwas geholfen. Die Selbstzweifel und die Selbstvorwürfe wurden etwas leiser. Gegen Schuldzuweisungen versuche ich anzugehen. Meine Mutter findet, der Herr Ausbilder, der sie mir vermittelt hat, hätte es besser wissen müssen und er hätte auch wenigstens eine Stunde dableiben können, um zu sehen, wie sich Tara verhält, wenn man sie auf dem Platz freilaufen lässt. Die Schuldsache ist für sie 30 zu 70 . Ich denke, es ging ihr um die Beschiss-Frage. Da nützt es mir aber auch nicht viel, wenn ich sage, ich bin beschissen worden, der Andere ist ein schlimmer Finger. Den erheb ich besser vor mir: Hättest dich bloß nicht bescheißen lassen müssen. In beiden Fällen glaube ich, fühlt man sich mehr als bescheiden... Auch in mir brodelt es zwischendurch schon ganz schön und ich weiß immer mal wieder nicht wohin mit mir. Und was habe ich gemacht? Gechannelt, weil ich einfach nicht glauben wollte, dass es keine Lösung für mein Dilemma gibt.

19. März nochmals ganz von vorne...

Warum ist mir das mit Tara passiert? Schon wieder das falsche Pferd für mich. Ich weiß, die Frage warum etwas passiert ist oder so ist wie es ist, sollte ich eigentlich nicht stellen. Die Beantwortung könnte mich zurück auf den Anbeginn der Zeit bringen – der ersten Ursache. Ich müsste mir vielleicht die Verstrickungen, Handlungen und so weiter von allem anschauen... Das könnte sich etwas hinziehen. Ich frage trotzdem!

Du musstest verstehen, dass du dein Schicksal nicht verändern kannst.

Was hätte ich tun können, damit ich nicht wieder ein für mich ungeeignetes Pferd finde? Und komm mir jetzt nicht mit, gut gleich schlecht...

Was soll ich dir dann sagen?
Woran es lag? Was ist bei mir noch *unerlöst,* dass ich einen derartigen Spiegel brauche?
Alles.
So kommen wir nicht weiter.
Nein.
Ich bin ja jetzt soweit, dass ich kein Pferd mehr will oder suche. Was aber wenn doch – also rein hypothetisch. Ich würde ein braves, gesundes, ruhiges etc. Pferd wollen und suchen. Was müsste ich tun?
Du kannst gar nichts machen. Es kommt wie es kommt. Du willst etwas im Außen, das du nicht sein willst.
Doch ich will brav, nett usw. sein.
Warum?
Damit ich eben im Außen gerade das bekomme.
Wieder: „Wenn...,dann..." Du willst dich nur verändern, damit sich dein Außen verändert. Warum?
Weil ich keinen Stress, Ärger, Angst, Frust, Geldverlust und, und, und will.
Und das bekommst du aber dann.
Sollte ich also Ärger usw. wollen, dann bekomme ich das Gute?
Warum nicht? Es heißt doch, du suchst dir deine Probleme…
Ich kann dir sagen, ich wollte ein nettes Pferd… Wenn wir nichts mehr *wollen* sollen, weil es die Kraft ist, die uns von unserem Selbst abhält, dann dürften wir letztlich nichts mehr essen wollen.
Hast du Angst, nichts zu essen zu bekommen, wenn du Hunger hast?
Nein.
Hast du Angst, wieder das falsche Pferd zu bekommen?
Ja. Darum will ich jetzt auch keines mehr. Was ist mit jemandem, der eine Wohnung sucht, weil ihm gekündigt wurde?
Die Angst, nicht die richtige Wohnung zu finden, lässt ihn suchen. Wenn derjenige weiß, dass genau die richtige Wohnung kommt, die er braucht, findet er sie auch – auch wenn sie auf den ersten Blick schlecht ist.
Ist es das, was du meinst, wenn du sagst, wir entkommen unserem Schicksal nicht?

Ja.
Wenn ich keine Angst haben will, weil ich das Außen verändern will, bleibt sie und blockiert mich.
Genau so.
Wenn ich keine Angst haben will, weil ich das Gefühl nicht möchte, kann ich so viel affirmieren wie ich will und sie kommt immer wieder.
Fast richtig. Sie geht nicht weg.
Wenn ich mir sage und es auch glaube, ich kann nichts gegen meine Angst machen, verschwindet sie dann?
Kind, Kind. Natürlich nicht. Sie stört dich nicht mehr. (Warum rede ich mit mir als „Kind, Kind"?)
Und wenn ich wirklich akzeptiere, nichts dagegen machen zu können, dann kommt der erwünschte Frieden?
Sag du es mir.
Ähm. Ja, ich bin nicht so frustriert über alles, wie ich es eigentlich sein sollte. Wenn ich nichts mehr will, dann ist das also Vertrauen.
So ungefähr.
Was ist dann das Vertrauen?
Kein Vertrauen in die göttliche Ordnung. Kein Vertrauen, dass alles gut ist. Vertrauen ist mehr. Es ist sein.
Ich steige schon wieder mal aus.
Wo hängst du?
Überall. Wir können unser Schicksal nicht verändern?
Nein.
Warum?
Weil alles so ist wie es ist.
Wenn mir das nicht gefällt?
Gefällt dir das Außen nicht oder du dir.
Beides. O.K., sagen wir: ich mir nicht.
Dann hast du ein Problem, weil du dich nicht verändern kannst. Du bist alles.
O.K. ich will das Positive aus mir herausholen.
Was ist schlecht am Negativen?

Eben alles. Ein hasserfüllter Mensch sein. Ein wütender Mensch sein. Ein trauriger Mensch sein. Das ist nicht schön.
Nein, ist es nicht. Aber wenn du es erkennst und sagst, ich kann nichts dagegen machen, was passiert dann?
Keine Ahnung.
Stell dich nicht dümmer an als du bist! Annehmen! Du wehrst dich nicht mehr. Es kann sein. Du bist. Du musst es dir dann selbst nicht immer zeigen.
Erkläre mir nochmals den Unterschied zwischen Aufgeben, Resignieren und Annehmen.
Letzteres hat keinen Wunsch zur Veränderung. Nichts verändern wollen, ist alles annehmen.
Wenn ich mal wieder superfrustriert bin, kann ich mir schon sagen, ich kann eh nichts dagegen machen. Und meistens kommt dann: „Warum der ganze Scheiß?"
Eben. Dann kommt er wieder und wieder und wieder. Weil er dir sagt warum. Wegen dir! Du bist der ganze Scheiß. Wehre dich nicht gegen etwas, was du (auch) bist.
So, und jetzt wehrt sich so einiges: meine Tiere, wenn sie krank sind und leiden. Soll ich dann auch sagen, ich kann nichts dagegen machen?
Nein. Dafür ja. Dagegen nicht. Oder würdest du gerne den Tod aufhalten?
Und wie gerne – wenn ich das könnte.
Was wäre dann?
Ewiges Leben.
Eben. Nimmst du den Tod an – kommt das ewige Leben.
Jeder Mensch weiß, dass er nichts gegen den Tod machen kann. Dass er eines Tages wie jeder andere sterben muss.
Tut er das gerne?
Spinnst du? Aber auch, wenn ich den Tod annehme, deswegen verhindere ich ihn nicht.
Dein Annehmen bedeutet, ihn nicht verhindern zu wollen.
Und was soll das bringen?
ES lebt sich leichter…

Können wir nochmals zu dem Pferd zurückkommen?
Aber bitte.
Ich hätte mir gewünscht, sie wäre anders gewesen. Jeden sein zu lassen, so wie er ist... was kann ich machen, wenn mir nicht gefällt, wie der andere ist?
Du kannst alles machen, was du willst: dich aufregen, ihn beschimpfen, ihn quälen und, und, und.
Was sollte ich tun?
Nichts.
Wenn ich wütend werde, sag ich mir: Ich kann nun einmal nichts gegen die Situation selbst unternehmen.
Du bist die Situation.
Ok, dann sag ich mir: Ich kann nichts gegen die Wut machen.
Ja.
Wenn ich die Wut nicht will, kommt sie wieder.
Ja.
Wenn ich nun aber die Liebe will?
Weißt du, was das ist?
Erwischt. Wenn ich die Freude möchte?
Du möchtest die Freude, wenn du unglücklich bist, nicht wenn du freudig bist.
Kapiert. Ich kann mein Karma, Schicksal etc. nicht verändern, weil ich es verändern will.
Fast.
Wo hänge ich?
Am Wort.
Ich kann nicht das verändern, was mir passiert oder passieren wird.
Nicht genau genug.
Was denn?
Dein Leben.
Ich kann mein Leben nicht verändern?
Nein, weil du es bist.
Ist mir zu esotechnisch.
Was willst du?

Soll ich nicht mehr *wollen* wollen?
Nicht genau genug.
Ich soll nicht mehr verändern wollen?
Besser.
Himmel, was denn?
Du sollst sein. Und zwar alles was ist.
Bedeutet das, dass sich dann alles zum Guten, Positiven ausrichtet?
Nein, das bedeutet, dass du alles bist. Nicht nur das eine oder das andere.
Wenn ich aber nicht in der Zukunft leiden will? Was kann ich tun, um das zu verhindern?
Nichts, was du nicht schon bist.
Ich habe jetzt Angst, einmal allein zu sterben. Ich kann nichts dagegen machen, dass dies nicht eintritt?
Du kannst die Angst annehmen.
Würde es funktionieren, sich das Schlechte zu wünschen? Und dann kommt das Positive?
Nein. Weil du das Schlechte nicht möchtest.
Es gibt einige Menschen, die wollen, dass es anderen schlecht geht. Sie wollen, dass es ihnen gut geht und sie schaffen es.
Glaubst du wirklich?
Schau dich um.
Das kannst du nicht verändern!
Wenn ich eine bessere Welt will, erreiche ich es, indem ich sie so annehme wie sie ist.
Weiter.
Dann verändert sich aber doch auch irgendetwas in mir.
Nichts, was nicht schon da ist.
Wenn ich mich, sagen wir mal verändere, annehme und zwar alles was ist, wird es dann besser?
Du kannst nichts verändern, was schon ist.
Ist es doch aber nicht!
Wenn jeder annimmt was ist, besteht kein Grund zur Veränderung.
Und das würde Friede, Freude, Eierkuchen bedeuten?
So ungefähr.

Und was ist mit dem Fortschritt? Erfindungen? Kunst?
Wer sagt dir, dass es ihn und sie dann nicht gäbe?
Der Erfinder der Elektrizität. Er wollte verändern. Verbessern. Etwas Neues anders machen. Wenn er nicht etwas wollte, dann hätten wir jetzt nicht die Annehmlichkeiten von Strom! Hätte er alles angenommen, wie es ist, dann könnte ich jetzt nicht vor dem Computer sitzen und schreiben!
Geh in die Motivation.
Verbesserung. Neues Erschaffen.
Weiter.
Erleichtern – das Leben für viele?
Nicht ganz. Er konnte nicht etwas erschaffen, was nicht schon da war. Er hat es entdeckt.
Aber dahinter steckte ein Wollen!
Na und?
Du hast mir doch gesagt, dass man nichts mehr wollen soll, sondern alles hinnehmen und annehmen was ist!
Hat er das etwa nicht?
Ich will doch auch nur, dass mein Leben leichter, schöner wird, will mich zum Besseren verändern. Wo ist da der Unterschied?
Geh tiefer.
Wohin?
In dich. Glaubst du, man hätte den Strom aus Angst, Wut oder aus Unzufriedenheit entdeckt?
Nein. Aber doch sicher nicht um seiner Selbstwillen.
Doch, das ist es gerade. Du hinterfragst dich um deiner Selbstwillen. Du möchtest dich und das Leben entdecken.
Hinter vielen Entdeckungen stehen durchaus ökonomische Gründe...
Kein Grund ist falsch oder richtig.
Aber warum funktioniert es bei so vielen, dass sie aus dem Wunsch heraus, erfolgreich zu sein, erfolgreich sind. Sie wollen erfolgreich sein und es klappt.
Und dann?

Ich wollte ein Pferd, mit dem ich zurechtkomme – bei mir hat der Wunsch nicht geklappt!
Na und?
Warum funktioniert es bei dem einen und bei dem anderen nicht?
Karma, Schicksal – du kannst nichts dagegen tun. Du bist wieder am Anfang.
Ich finde das ehrlich gesagt zum Kotzen! Der eine hat Erfolg, der andere nicht. Der eine ist gesund, der andere nicht. Wo bleibt die Gerechtigkeit?
Es gibt sie so nicht.
Das ist doch gemein!
Nein. Ist es nicht. Es ist wie es ist.
Ich bin frustriert, dass ich dagegen nichts machen kann. So da machen wir mal weiter. Ich rege mich über die Tatsache auf, dass ich nichts dagegen machen kann, nichts ändern. Und zwar, weil ich glaube, dass dem nicht so ist.
Mach weiter.
Ich weiß nur nicht, wie ich es verändern kann. Und das ärgert mich noch mehr.
Du willst die Welt verbessern, weil sie deiner Meinung nach nicht gut ist so wie sie ist.
Ja.
Einige finden sie aber gerade gut so wie sie ist.
Was könnten sie gegen eine Verbesserung haben?
Alles…
Zurück. Ich kann nichts gegen meinen Frust machen. Dann werde ich grantig, miesepetrig usw. Und ich sag mir: „Ich kann nichts dagegen machen. Ich kann nichts dagegen machen.“ Und in mir drin ist deswegen alles auf Widerstand eingestellt. Dann sage ich mir: „Ich kann nichts gegen den Widerstand machen“. Und in mir drin höre ich: „Doch!“ Nicht mehr verändern wollen. Aber das geht nicht, weil ich es doch will. Dann sage ich mir: „Hör auf zu wollen“. Dann höre ich: „Warum?“ Dann sage ich mir: „Weil es nichts bringt.“ Und dann werde ich noch grantiger. Dann sage ich mir: „Ist doch alles zum Kotzen, scheiß egal.“

Wut. Wut. Frust. Frust. Wie kann ich aufhören, etwas zu wollen oder nicht zu wollen?
Will es.
Also sag ich mir, ich will nicht mehr wollen. Und da beiße ich mir in den eigenen Schwanz.
Du bist nah dran.
(Ich werde trotzig.) Ich will nicht mehr. Ist doch eh alles sinnlos. Was soll der ganze Scheiß?
Nur zu.
Und in mir ist echt ein scheiß-ungutes Gefühl, das ich nicht will.
Sondern?
Ich will ein gutes. Diese Ohnmacht, nichts dagegen tun zu können, außer es annehmen - zum Kotzen. Ich will verändern, verbessern. Das kann ich nicht abstellen.
Weil du es nicht abstellen willst. Solange du verändern willst, bleiben diese Gefühle, die du nicht möchtest.
Ich kann es aber nicht ändern, dass ich verändern will.
Doch. Nimm mal das an.
Was jetzt?
Dass du verändern willst.
Ja und?
Nix und.
Ich will nicht mehr wütend sein, will das verändern. Dann sagst du mir, ich bleibe wütend, weil ich die Wut nicht annehme im Sinne von: weil ich es anders haben will… dann soll ich aber annehmen, dass ich verändern will. Wie komme ich da raus?
Gar nicht. Nimm an, dass du so bist. Du willst das für dich Negative nicht. Du willst verbessern. Versuche nichts dagegen zu unternehmen.
Aber ich komme da nicht hin, wo ich hin will.
Nein, weil du schon da bist.
Und warum check ich das dann nicht?
Weil du es so willst.
Stimmt nicht!
Doch.

Und jetzt bin ich total konfus und kapier gar nichts mehr. Ich kann nichts tun, damit ich nicht verbessern will. Außer diese Tatsache annehmen – sie sein.
Nochmal zum besseren Verständnis: Ich will mich verändern, damit mir nicht mehr so viel Scheiß passiert. Das geht einmal nicht, weil ich nichts gegen diesen Scheiß machen kann. Der andere Grund, weil ich etwas in mir habe, was ich nicht mag – ich soll aber alles mögen. Und da ich das nicht kann, kommt wieder der Scheiß und ich stecke fest. Wo hänge ich?
An dir. Der Widerstand bringt dich gleichzeitig zu dir, indem er dich wegbringt. Das Wollen bringt dich zum Nicht-Wollen. Dein Wollen ist eine Kraft, die dich von deinem Selbst fernhält. Der Wunsch nach Veränderung bringt dich zum Annehmen was ist. Indem du in deinem Teufelskreis, wie du es nennst, gefangen bist, erkennst du ihn. Du wirst von ihm frei, wenn du ihn lebst, wenn du er bist.
Aber wir erkennen doch sehr viel und machen trotzdem wieder den gleichen Mist.
Ja, wieder und immer wieder, bis du erkennst, dass du erkennst, dass du erkennst.
Und dann?
Nichts dann.
Aber wo ist dann das große Juchu? Hurra! Glückseligkeit? Das Ende des Leidens?
Es ist da.
Ich bin durch dieses Gespräch nicht *glückseliger* geworden. Aber ich habe mich zwischendurch herrlich aufgeregt und am Ende wieder abgeregt. Ist ja auch schon mal was. Und mir blieb etwas zum Nachdenken. Nicht mehr wollen. Sollen wir alle lebensmüde sein? Hallo! Ich will nicht mehr. Oder sagen die: Ich kann nicht mehr? Sollte ich öfter sagen, wenn es um Schokolade geht. Ich will nicht mehr ist diesbezüglich schon schwieriger. Sollte ich sagen: ich will nicht mehr, nicht mehr wollen?
Eigentlich gar nicht so verkehrt. „Ich will das Rauchen aufhören" brauche ich dann auch nicht mehr zu sagen. Ich muss es nicht einmal mehr wollen. Sondern darf es annehmen. Aufgrund der steigenden Zigaretten-

preise bietet jemand einem leider immer seltener eine an. Außer mein Hufschmied. Der ist da echt noch großzügig.
Aber wenn ich mal wieder richtig in die Scheiße getreten bin, was soll ich da machen? Mich nicht mehr waschen? Ich will ja nichts mehr verändern, sondern annehmen. Bei manchen habe ich schon den Eindruck, dass sie damit keine Schwierigkeiten haben… meine Hunde zum Beispiel.
Ich nehme das, was da ist an. Angeblich ist ja alles da. Dann nehme ich das Schöne! Halt, und bloß nicht dabei wollen. Emotionslos bei der göttlichen Suppe zugreifen? Ich merke, dass ich schon wieder jammermeckere…
Noch ein Gutes hatte meine Erfahrung, die ich wieder mal gemacht habe: Anders als früher, sagte mir jemand, ich hätte mich verändert. Meine Einstellung zu der Sache würde ihm gefallen – dass ich nichts dagegen machen kann. Und dass ich mich selbst etwas auf den Arm genommen habe, als ich davon erzählt habe. Sonst war ja immer Land unter.
An der Schimpf-und-Schande-über-mich-Sache habe ich noch zu knabbern…Was die Leute jetzt wohl wieder von mir denken? Ich kann nichts dagegen machen.
Ich habe in der Zeit übrigens mitbekommen, dass ich nicht allein auf der Welt bin. Die Freundin meiner Tierkommunikatorin hat sich auch ein Pferd gekauft. Seit sie es hat, spinnt es und sie weint. Was ich aus der Geschichte rausgehört habe, tut diesem Pferd vielleicht etwas weh. Vielleicht hat es sich auf dem Transport etwas getan. Ich habe ein paar homöopathische Mittel erwähnt. Bis jetzt weiß ich noch nicht, ob sie geholfen haben.
Dann hat mich meine Cousine angerufen. Sie ist im Gegensatz zu mir eine sehr gute und couragierte Reiterin. Ich sollte mal auf eines ihrer Pferde schauen. Sie hat es selbst aufgezogen. Die Stute ist mittlerweile sechs Jahre alt und wenn sie rossig ist, schlägt sie nach ihr aus, lässt sie nicht in die Box und ist alles andere als umgänglich. Reiten geht gar nicht. Ich fühlte mich schon so wie der Bock als Gärtner. Der Tierarzt konnte nichts feststellen. Dank meines Pendels habe ich ein paar Ursa-

chen für ihr Verhalten gefunden und entsprechende homöopathische Mittel empfohlen. Meine Cousine hat ihr die Tropferl gegeben und auch einige Sachen im Umgang mit ihrer Stute geändert. Es geht beiden wieder gut.
Die Konsequenzen aus meiner Pferdesache? Ich bin noch dabei und es ist echt Scheiße! Ich kann mich nicht verändern (oder mein Leben), ohne vorher vollständig, komplett anzunehmen – also nicht verändern zu wollen. Wenn ich es schaffe, jede Lebenssituation und das, was sie emotional mit mir macht annehme, scheint es wirklich so, als hätte ich sie mir ausgesucht, ja sie sogar gewollt. Glückseligkeit und innere Zufriedenheit würden sich dann praktisch von selber einstellen. Denn alles wäre ja so wie ich es will. Das ist also die Magie, von der die hermetische Lehre spricht?

Vertrauen

Ich habe mich mit meinen Pferdegeschichten nicht gerade in ein *schönes* Licht gerückt. Aber vielleicht zeigt es Ihnen, dass jeder irgendetwas *hat* oder sich das Leben (unnötig) schwer oder aus einer Mücke einen Elefanten macht – in meinem Fall ein bockendes Pferd. Ich musste von meinem hohen Ross wieder runter von wegen „ich habe alles kapiert…"
Warum ist alles immer nur so schwer? Warum sind die anderen immer besser, schöner usw. als ich? Wenn sich mein Selbstmitleid in diese Richtung verirrt, versuche ich daran zu denken: „Auch ein XY (derjenige, den ich gerade ob seiner Fähigkeiten beneide) muss aufs Klo und wischt sich den Hintern ab!" Mir hilft es etwas. Was hilft mir aber, wenn ich wieder mal vor einer Entscheidung stehe und das *Richtige* machen möchte? Was nützt es mir, dass angeblich nichts richtig und nichts falsch ist? Und wenn ich daran denke, dass ich mein Schicksal nicht verändern kann oder soll, wird mir ganz schlecht.
Aus diesem Jammertal heraus hat mir am meisten der Fingerzeig meines Tierarztes und Lehrer für Homöopathie Dr. Claudio Fratangeli geholfen. Er meinte, alles läge an meiner Unsicherheit. Ich war schon etwas eingeschnappt. Das passiert immer dann, wenn mein Gegenüber einen wunden Punkt bei mir trifft – oder wie ich mich schon oft sagen hörte, mir

Unrecht tut. Ich und unsicher? Beantwortet habe ich mir die Frage selbst. Ich möchte Ihnen das Selbstgespräch zeigen, weil es mir so geholfen hat, zu verstehen, warum ich oft nicht so ganz glückliche Entscheidungen getroffen habe... und ich nun zumindest für mich eine Lösung gefunden habe, damit mir einige Dinge in Zukunft nicht mehr auf diese Art passieren. Danke Claudio, für deine Kritik.

Liebes Selbst,

was hat das auf sich mit meiner Unsicherheit? Was ist das?

Unsicherheit in Bezug auf den Ausgang von Ereignissen.

Das hat ja jeder.

Nicht unbedingt. Die Ausrichtung ist eine andere.

Ja ja, ich denke immer, dass alles schlecht ausgeht – oder es wird schon gut ausgehen, mit Zweifeln. Ist es das?

Auch. Geh mal weiter.

Wohin?

Zurück.

Weiter zurück?

Ja. In dein altes Ich.

Mein altes Ich? Ich bin noch immer dieselbe. Ich geh mal zu den Männern. Ich war mir nicht sicher, ob es der richtige ist. Meine Gefühle waren mehr auf „Man(n) kann nicht alles haben" gerichtet.

Eben.

Bei dem Pferd war es die Farbe... aber ein gutes Pferd hat keine Farbe.

Dir gefallen die Dinge nur halb. Das ist die Un-Sicherheit.

Aber nichts ist doch perfekt.

Nein. Aber es muss perfekt für dich sein.

Das glaubte ich.

Nein. Das stimmt so nicht!

Wenn ich Mängel entdecke, mit denen ich aber glaube umgehen zu können?

Nein. Etwas muss für dich in seiner Gesamtheit stimmig sein. Ohne jedes Wenn und Aber. Kein Mangel, wie du es nennst. Du musst ganz überzeugt sein.

Aber nichts ist doch perfekt – fehlerfrei.

Du erkennst es nicht als Fehler. Für dich ist nichts falsch. Es gibt nichts, wo du glaubst, damit umgehen zu können. Herz und Verstand. Verstehst du? Dann hast du keine Angst vor deinen Entscheidungen. Gib dir die Bedenkzeit. Hast du Be-denken, sprich sie aus. Lass dich nicht überzeugen. Dann musst du nichts bereuen. Du musst dir keine Vorwürfe machen, auf etwas nicht gehört zu haben.
Das hört sich logisch an. Wenn ich nicht zu 100% von einer Sache überzeugt bin und sie doch mache, warum zeigen sich dann gerade die Zweifel und nicht das Gute an der Entscheidung.
Es zeigen sich beide Seiten. Das was vorher klein schien, kann groß sein.
Manchmal war ich mir so sicher und dann boing…
Nein, ein „So sicher" gab es nicht. Sicher ist beides: Herz und Verstand. Ein Ab-wägen gab es. Das ist nicht dasselbe.
Was ist das, wenn man sich so sicher ist, und dann geht es nicht so aus, wie man es sich vorgestellt hat?
Du sagst es bereits: Vorstellung. Etwas soll in der Zukunft sein. Was ist jetzt? Achte auf die kleinen Dinge.
Was ist, wenn man sich einer Sache zu sicher ist?
Was soll sein? Zu sicher – was fehlt?
Die Bedenken, die Zweifel?
Fast.
Überlegen. Fehlt das Überlegen? Dann fühlt man sich überlegen, über den Dingen stehend?
Nicht ganz.
Man schaut nicht genau hin?
Auch noch nicht.
Fehlt das Herz?
Nein.
Fehlt der Verstand?
Näher.
Sicher ist 100%. Mehr als das geht nicht? Wenn man sich zu sicher ist, gibt man 100% für etwas, das vielleicht nur 80% ist? Schein? Trug?
Du verstrickst dich.
Dann hilf mir bitte.

Zu sicher sein ist nichts.
Nichts?
Zu sicher sein bedeutet nicht real.
Nichts ist doch hier real.
Ach, komm. Nicht wirklich. Nicht echt. Weder Herz noch Verstand. Nichts.
Können wir nochmals meine Fehlentscheidungen anschauen?
Es gibt keine falschen Entscheidungen. Nur Konsequenzen, die dir nicht gefallen. Und Vorwürfe.
Wenn ich wieder mal etwas zu entscheiden habe, wie erkenne ich, dass mein Verstand und das Herz „ja" sagen?
Achte auf Details. Kleine Dinge.
Kann es nicht sein, dass ich mich dann überhaupt nicht mehr entscheide? Handlungsunfähig werde?
Nein. Manchmal bist du gezwungen. Aber lerne zuvor. Lerne beides. Lerne deine Gefühle und deinen Geist. Sie sprechen mit dir. Lerne ihnen zuzuhören.
Wenn ich mich mal wieder entscheide und glaube, mir 100 sicher zu sein, das Richtige zu tun und es stellt sich doch als *falsch* heraus, was ist dann schief gelaufen?
Nichts. Wenn du dir im Jetzt nicht sicher bist, vertraust du auf ein „Es wird schon gut gehen". Und das ist Zweifel. Wenn du Bedenken hast, dass etwas gut geht, hast du einen Grund für deine Zweifel. Du bist nicht im Zweifel über deine Zweifel.
Was läuft ab, wenn ich will, dass etwas gut geht?
Beantworte du es für dich.
Ich will, dass etwas gut geht. Ich wollte auf meine Bedenken oder Gefühle nicht hören. Im Hinterkopf weiß ich schon über gewisse Mängel im Jetzt, die ich nicht wahrhaben will – verändert haben will. Und das geht so nicht.
Ich sage es dir nochmal: Es gibt keine falschen oder richtigen Entscheidungen. Deine letzte Fehlentscheidung war richtig, war gut. Wenn es für dich gut ausgegangen wäre, hättest du nichts, aber auch gar nichts verstanden. Und das willst du doch? Verstehen. Einsicht haben…

Ja, aber ich hätte es gerne ohne mehr Aua gehabt… Was ist mit meiner Ungeduld? Warum bin ich so ungeduldig?
Keine Zeit zum Nachdenken. Du willst etwas und das muss so sein, wie du es willst. Dein „schnell“ sind deine Zweifel, die du nicht magst.
Ja ja, und dann zeigen sie sich… bzw. nachher kommt die Angst… Bedeutet „im Vertrauen sein“ also zu wissen, dass man sich etwas sicher sein kann?
Du hast es erkannt. Vertrauen heißt nicht, es wird schon werden. Etwas ist und das erkenne ich.
Und wenn ich etwas nicht erkenne, dann sollte es so sein?
Nicht ganz.
Nein?
Wenn du etwas nicht erkennst, ist der Sinn Erkenntnis.
Das heißt?
Du sollst Erkenntnis erlangen.

Und die habe ich. Ich weiß, hinterher ist man immer schlauer… Aber ich bin so unglaublich froh, weil ich nun *weiß*, was bei meinen Entscheidungen schiefgelaufen ist. Ich kann nicht beeinflussen, dass ich vor einer Entscheidung stehe. Was mir im Leben alles so begegnet und was mir eine Entscheidung so alles bringt. Sie kann sich als scheinbar richtig oder als falsch herausstellen. Aber ich weiß, dass ich mich nicht zu wundern brauche, wenn etwas nicht so läuft, wie ich es gerne hätte, wenn ich im Vorfeld schon nicht ganz sicher war… Man kann sich nicht sicher sein, dass etwas wird – es wird schon werden… Aber ich kann mir im Jetzt sicher sein, dass der Weg, den ich gehe, der richtige ist.
Als ich Tara gekauft habe, hatte ich Bedenken. Ein zu junges Pferd. Die Bedenken wurden zerstreut. Für den Mann, der sie mir vermittelt hatte, war sie ein unwahrscheinlich braves Pferd. Ich selbst habe mich davon nicht ausreichend davon überzeugt. Ist sie brav und ruhig auch bei mir allein? Dann das Stolpern. Ich hatte Bedenken, dass sie gesundheitlich wirklich ganz okay wäre… Es läge nur am Beschlag. Tat es auch. Aber sie hatte dadurch ziemliche Probleme, die sich letztlich auch auf mich auswirkten. Man sagt weiterhin, ein gutes Pferd hat keine Farbe. Aber

eine Farbe, die mich am allerwenigsten anspricht, ist braun. Als ich sie gesehen habe, dachte ich mir: Schade. Aber sie ist ja ansonsten bildschön. Alles kleine Details. Und damit ich ja nicht weiter darüber nachdenke, habe ich sie schnell, schnell gekauft. Es wird schon alles gutgehen... Ich hatte Angst, meine Zweifel oder Bedenken auszusprechen, „nein" zu sagen. Ich wollte auch nicht als Nörglerin oder als schwierige Kundin dastehen. Mich hat immer an meiner Mutter gestört, dass sie keine weißen Pferde mag, d.h. dass sie ihr nicht gefallen. Sie würde nie für sich ein Pferd in dieser Farbe kaufen. Ich fand das immer ganz furchtbar zickig und noch viel mehr. So wollte ich nicht sein oder mich so benehmen. Aber ich bin es... Meine ignorierten Zweifel, Bedenken sagten dann „Hallo" zu mir – und ich machte mir vor Angst fast in die Hosen. Dass diese Angst (Unsicherheit) dann natürlich für ein Auskommen mit einem jungen Pferd nicht sehr hilfreich ist, habe ich gesehen... Es hätte auch gut ausgehen können. Aber was in der Zukunft passiert, habe ich nicht *im Griff*... auch nicht die jeweilige Lebenssituation. Aber wie ich mit ihr umgehe. Ich weiß jetzt wo viele meiner Ängste ihren Ursprung haben. Für mich ist das schon was! Wenn ich mal wieder vor einer Entscheidung stehe, mache ich nicht mehr die Augen zu und durch... Ich versuche zumindest darauf zu vertrauen, dass ich eine für mich sichere Entscheidung treffe, indem ich mein Hirn einschalte – dafür ist es ja da – und auf mein Herz höre. Schließlich haben auch Zweifel ihren Sinn... Was dann kommt? Inschallah... Zumindest brauche ich mir später keine Vorwürfe machen.

Entscheidungsfreiheit

An dem Tag als ich die spanische Schönheit zum ersten Mal sehen sollte, habe ich mich morgens vor der Abfahrt mit mir unterhalten. Das Gespräch zeigt einmal, wie schwer es ist, sich wirklich zu vertrauen, dass aber wirklich alle Antworten in einem sind und man sich selbst bei Entscheidungen helfen kann. Es zeigt leider auch, dass man bestimmte Dinge einfach nicht *hören* will – ich zumindest...
Mein liebstes Da drin,

heute ist es soweit. Ich schau ein mögliches Pferd für meine Mutter an. Mein Verstand sagt mir, dass es zu jung ist, um passen zu können... Sie ist erst vier Jahre und ich habe eine große Verantwortung... Was muss ich tun, um zu erkennen? Und ich bin nervös...
Mein liebstes Kind, alles wird gut sein. Verstehst du alles. Es gibt nichts, was dir geschehen wird. Das Pferd? Nun ja. Du wirst sehen.
Was meinst du damit, ich werde sehen?
Du wirst sehen, wie es um es steht.
Ist es das richtige Pferd für uns?
Es gibt immer ein „Ja" und ein „Nein" mein Kind. Ja, es ist ein gutes Pferd. Nein, deine Mutter hat andere Bedürfnisse. Aber diese sind nicht deine.
Wie kann ich erkennen, ob es für meine Mutter geeignet ist?
Du spürst die Verbindung. Ein Pferd für deine Mutter muss eine Verbindung zu ihr haben. Erkennst du diese, ist es gut. Erkennst du sie nicht, dann nicht.
Was für eine Verbindung?
Das Herz. Der Weg führt über das Herz. Nimm dich zurück.
Ich bin etwas enttäuscht... Ich höre heraus, dass dieses Pferd nicht das richtige für meine Mutter ist.
Mein Kind, habe Vertrauen. Ich habe dir nicht gesagt, dass dieses Pferd falsch ist. Achte auf die Bedürfnisse deiner Mutter.
Und die wären?
Sicherheit. Vertrauen. Freude.
Ist dieses Pferd sicher für sie?
Nein. Noch nicht.
Kann es das werden, wenn ich sie noch bei dem Stefano lassen würde?
Nein. Es mangelt an Vertrauen.
Vertrauen in wen?
In den Mann. Deine Mutter ist sehr, sehr misstrauisch.
Mein Selbst, wie schätzt du Stefano ein?
Der Mann ist gut. Er ist nicht schlecht. Er hat kein Gefühl für Bedürfnisse.
Was soll ich machen? Wie soll ich mich verhalten?

Sei du selbst. Voller Freude und Hoffnung. Keine Angst. Die bleibt zu Hause.
Wäre meine Illah gut für meine Mutter?
Nein. Auf keinen Fall.
Mein Lü?
Der ist alt.
Werde ich mich heute blamieren?
Mein Kind, ich habe dir schon gesagt, dass alles gut wird. Wo ist dein Glaube? Nein, den nimmst du mit auf deinen Weg.
Liebes Da drin, ich spüre schon wieder den Druck, die Angst…
Pferde sind sensibel. Du kannst ihr allerdings die Sicherheit geben, wenn du atmest. Atme mit ihr. Dann wirst du sehen. Es wird sogar sehr schön werden.
Wirklich?
Vertrau mir.
Warum ist das nur so schwer?
Wenn es leicht wäre, würdest du es nicht erkennen.
Also, ist es noch offen, ob dieses Pferd das richtige für uns ist?
Nein, es ist alles schon lange entschieden. Es kommt zu dir. Wie deine Hunde…
Wie denn?
Nun ja, es wird dir nicht zulaufen, nein. Du wirst es hören.
Was werde ich hören…? Ich sträube mich so, dass dieses Pferd nichts für uns sein soll… Mir gefällt es nicht, zu suchen.
Dann finde. Finde heraus, was du suchst.
Ein Pferd, das ruhig, brav und gut ausgebildet ist und meine Mutter sicher trägt. Ein Pferd, das sanft ist und sich mit meinen anderen Pferde verträgt.
Das Alter spielt für dich also keine Rolle?
Nun ja… ein vierjähriges Pferd… es ist schon ein Witz, dass das passen soll.
Siehst du. Deine Antwort steht schon fest.
Heißt das, ich bin schon festgefahren?
Nein, es heißt, du spürst…

Ist es mein Verstand, der sagt, dass ein vierjähriges Pferd nie passen könnte?
Was hast du gegen deinen Verstand?
Nichts. Aber… ich hoffe auf *göttliche* Führung.
Du wirst geführt und wirst auch heute geführt werden.
Danke.
Warte, gib nicht so schnell auf.
Wie meinst du das?
Atme, mein Kind. Geh in den Fluss des Lebens. Alles wird gut. Nein, keine Angst. Es wird sogar schön werden.
Schön?
Du wirst Freude haben heute.
Ja?
Und du wirst sogar lachen.
Ja?
Vertraue auf mich, ich werde dich führen. Lenken und dich heil nach Hause bringen.
Ich hatte viel Freude an diesem Tag. Ich bin das erste Mal in meinem Leben einen Hengst geritten und es war phantastisch. Ich kam gut an und gut nach Hause. Ich habe meiner Mutter erst kürzlich dieses Gespräch vorgelesen. Für sie sind viele Probleme ganz einfach lösbar, wenn man nur einfach seinen Verstand gebraucht. Das mache ich ihrer Meinung nach viel zu wenig oder gar nicht. Für sie wären diese Selbst-Gespräche nix, sie kann das so für sich ausmachen. Aber wenn man, wie ich, an so etwas glauben würde, könnte sie nicht verstehen, wie ich das junge Pferd sofort kaufen konnte… Vielleicht verstehen Sie jetzt, warum ich überlegt habe, ob ich dieses Gespräch nicht einfach auf meinem Computer lösche… (nicht nur wegen des Pathos und der Schwülstigkeit…)
Ich wollte es einfach nicht wahrhaben… und ich habe ganz stark meinen Plemplem-Faktor ins Unendliche steigen sehen, als ich hörte, dass ein Pferd zu mir kommt, wie meine Hunde.
Ich hatte vor längerer Zeit ein Tiergespräch mit einem meiner Hunde. Es funktioniert ähnlich wie ein Selbst-Gespräch. Nur verbinden Sie sich

mental bei der Tierkommunikation mit Waldi oder Trixie und bei den Selbst-Gesprächen mit sich Selbst, ihrem höheren Selbst, ihrer Seele oder mit dem Bewusstsein des großen Ganzen, je nachdem wie Sie es nennen möchten. Ich fragte meine Wuzi, was sie und alle anderen meiner Hunde davon halten würden, wenn ich einen Samojeden-Welpen nehmen würde. Mein Tierarzt hat mir diese Rasse empfohlen, weil sie gutmütig sind, aber dennoch aufpassen. Ich war nicht ganz dafür, mir einen Hund zu *kaufen*. Es gibt hier in Italien sehr viele Hunde und Welpen in Not. Man weiß natürlich nie so genau, was da so alles drin ist. Ich hatte einige Probleme mit einer Mischlingshündin, die letzten Sommer verstorben ist und habe mich daher für diese Rasse entschieden. Wuzi, meine Hündin hielt allerdings nichts davon. Leider habe ich das Gespräch nicht mehr – es ging mit meinem alten Computer hopps. Sie meinte, ich solle nichts machen, "Liebster (oder Liebste) kommt"... Da es zu der Zeit keine Samojeden-Welpen in der Nähe gab, konnte ich den Dingen ihren Lauf lassen.
Im Januar diesen Jahres kam mein Nachbar morgens vorbei und meinte, er hätte ein Geschenk für mich. Es regnete in Strömen und ich dachte, er hätte wieder ein Katzenjunges im Auto, das er im Straßengraben gefunden hat. Als er den Kofferraum aufmachte, waren zwei weiß-graubraune, sehr nasse und noch schmutzigere Welpen drin. Ich erfuhr, dass eine Frau aus dem Dorf gesehen hätte, wie drei Hunde aus einem Auto geworfen wurden. Die drei irrten fünf Tage durch die Gegend bis sich eben meine beiden einfangen ließen. Der Dritte hat mittlerweile auch einen guten Platz gefunden.
Wir wollten zunächst die Hunde mit einem feuchten Lappen abwischen. Aber das war aussichtslos. Es hat nach den paar Minuten wie hundert Schafställe gestunken. Sie kamen in die Badewanne und nachher unter den Fön. Wenn Sie glauben, dass die beiden nun endgültig traumatisiert waren – nichts dergleichen. Sie blieben echt cool. Und das sind sie bis heute. Meine Mutter sagt immer, dass sie so eine wunderbare, nette und ruhige Ausstrahlung haben. Ich nenne sie meine beiden Dalai Lamas. Auch weil ihr Fell an die Tiere in den Anden erinnert. So sollte ich auch ein Pferd finden? Ich habe mir und dem Schicksal nicht vertraut. Mich

anders entschieden. Es dauert auch etwas bis man sich und den Dialogen mit sich selbst Vertrauen schenken kann. Und auch hier gilt: Alles ist ein Prozess. Man muss nur irgendwo und irgendwann einfach anfangen.

Wie spreche ich mit mir Selbst?

Was Sie brauchen ist ein Computer oder Papier und einen Stift. Das Aufschreiben der Fragen hilft Ihnen, sich zu konzentrieren. Es ist auch nicht schlecht, wenn man mal wieder nachschauen kann, was man sich denn so erzählt hat.

Ich rede eigentlich den ganzen Tag mit mir. Da oben geht es manchmal ganz schön ab. Ich komme vom Hundertsten zum Tausendsten, ohne zu wissen von was. Gedanken bringe ich oft auch nicht mal zu Ende oder ich drehe mich im Kreis. Es tauchen Gefühle auf, von deren Abgründe ich nicht die leiseste Ahnung hatte. Ich gehe ihnen nicht nach, sondern mache einfach weiter. Blablabla... Wenn die Esos recht haben und in jedem Gedanken Energie und Kraft steckt, die sich manifestieren kann, dann wird meine Welt zu einem auf- und ab- und hin- und herhüpfenden Gummiball... Ganz schlimm ist es auch in der Nacht, wenn ich nicht schlafen kann. Seit ich meine Selbst-Gespräche allerdings aufschreibe, wird es auch in meinem Schlafzimmer etwas ruhiger, und einige Dinge werden klarer... Ich gebe meinen Gedanken Raum.

Sie schreiben eine Frage über etwas auf, das sie beschäftigt. Das was Sie sofort glauben, als Antwort zu empfangen, zu hören oder auch nur zu fühlen, schreiben Sie wieder auf. Langsam beginnt ein Dialog. Es kann sein, dass sie nur Ihre hin- und hereilenden Gedanken festhalten. Aber sie lernen dadurch, sie zu *kontrollieren.*

Ich muss zugeben, dass ich mich vor einem Gespräch nicht besonders erde oder in irgendeiner Art darauf einschwinge, das ist jetzt nicht so ganz meine Natur... Wer, wie ich, nicht ganz genau weiß, was „erden" ist oder wie das geht, dem sage ich das, was ich darüber gehört habe. Man soll ja nicht nur in die geistigen Welten abdriften, sondern auch mit beiden Beinen auf dem Boden und im Leben stehen. Dafür soll es gut sein. Man kann sich dazu Wurzeln vorstellen, die aus den Füßen bis zum Herz von Mutter Erde wachsen – man verbindet sich sozusagen mit ihrer Kraft. Viele schwören auch darauf, gedanklich ein helles Licht um sich zu bilden mit der Absicht, sich vor störenden Energien zu schützen. Ich muss sagen, das finde ich gar nicht so schlecht. Es hilft sich auf sich

Selbst zu konzentrieren. Symbolisch zünde ich eine Kerze an, weil ich Kerzenlicht gerne mag.
Sie können sich selbst einen Namen geben oder ihren eigenen verwenden. Bei meinem ersten Gespräch habe ich einfach eine Frage gestellt. Nicht gerade sehr höflich. Aber ich hatte echt nicht geglaubt, dass da so etwas wie eine Antwort kommt. Ich muss zugeben, ich kam mir auch etwas seltsam vor: So, jetzt verabschiedet sich auch dein restliches bisschen Hirn… Aber vor wem sollte ich mich dafür schämen? Es weiß ja niemand außer mir. Mittlerweile fange ich mit „Liebes Selbst" oder „Liebes Da drin" an.
Ich habe das Gefühl, mich mit meinem Anteil des All-Bewusstseins zu verbinden. Es kann sein, dass Sie während oder auch schon vor dem Gespräch eine sanfte, ruhige Energie spüren. Das ist dann ganz toll! Das sind Sie! Wenn Sie nichts spüren, macht das aber auch nichts. Mir geht es oft so.
Es kann sein, dass Sie Angst oder Zweifel haben, etwas zu hören oder zu spüren. Dann schreiben Sie Ihre Gedanken dazu auf und fragen sich mal, warum Sie sie haben. Sollten Sie nichts hören oder fühlen, gehen Sie in sich und fragen, was das mit Ihnen macht. Schreiben Sie es auf. Lassen Sie Ihr Ich zu Wort kommen. Das Selbst ist geduldig. Es kann auch etwas warten…
Eine Freundin von mir hatte Zweifel, dass da nicht ihr Selbst, sondern gelesene und gespeicherte Weisheiten aus ihrem Unterbewusstsein auftauchen und Antworten geben. Na und? Wenn sie helfen? Falls nicht, kann man ja weiter nachhaken: Was macht das mit mir? Werde ich frustriert, wütend, verzweifelt? Was will mir das Ganze sagen oder zeigen?
Falls Sie mal nicht so nette Antworten bekommen, können Sie sich fragen, ob sie eben manchmal nicht so nett zu sich selbst sind. Ich habe Ihnen einige meiner Selbst-Gespräche gezeigt. Böse oder hässliche Antworten habe ich nie bekommen. Nehmen wir aber mal an, Sie hätten ein paar Kilos zu viel und ein ähnliches Gespräch wie das folgende:
Liebes Da Drin,
warum kann ich mich beim Essen nicht zurückhalten?

Und dann die Antwort: *Weil du eine dumme, blöde, fette Kuh bist! Ein Versager! Ein Nichts!* - da sprechen Sie, wie Sie normalerweise mit sich sprechen oder über sich denken… und das will raus.
Sie könnten einwenden, dafür brauche ich mich nicht vor den Computer zu hocken, vor diesem Trümmerhaufen stehe ich doch Tag für Tag und einfach ausschalten. Oder aber Sie gehen auf das Gefühl ein, das sich auf diese Antwort hin einstellt. Traurigkeit? Verzweiflung? Enttäuschung? Wut? Ich wäre wahrscheinlich sauer und würde zurückblaffen: Das weiß ich selber, dazu brauche ich *dich* nicht! - Dann könnte vielleicht kommen:
Warum fragst du dann?
Weil ich nicht mehr dick sein will. Nicht mehr zu viel essen müssen mag.
Dann friss halt nicht mehr so viel.
Das kann ich nicht – es ist irgendwie stärker als ich.
Was ist stärker als du?
Ich weiß es nicht, deswegen frage ich *dich* ja.
Keine Ahnung – sag du es mir.
Wenn ich es aber doch nicht weiß!
Tja, da kann ich dir auch nicht helfen.
T pisch! Wie immer! Keiner da! Nicht mal ich selbst! Scheiße!
Ich wäre dann noch sauerer, würde eine rauchen und je nach Tageszeit eine Bananenmilch oder ein Bier trinken. Sollten Sie nach diesem letzten Satz nichts mehr hören, dann gehen Sie in Ihr Gefühl. Hilflosigkeit? Ist nie jemand da, wenn man ihn braucht? Einsamkeit? Allein?
Sagen wir mal, Sie fühlen sich allein und sind es vielleicht auch und stellen die Warum-Frage:
Warum bin ich allein?
Wer will schon mit einer so dummen Kuh wie dir, etwas zu tun haben.
Sollten Sie eine derartige Antwort bekommen, dann horchen Sie mal in sich rein und schreiben das auf: „Nein, das bin ich nicht!" Oder Sie spüren eine unendliche – aber sanfte – Traurigkeit. Dann sind Sie schon ein Stück weit näher bei sich… Wie gesagt, ich höre von meinem Selbst eher so Esoweisheiten, die mich aber auch ganz schön aufregen. Bei mir würde vielleicht kommen:

Du bist es nicht!
Jetzt komm mir bloß nicht von wegen Gott ist immer bei und in dir! (Als Antwort würde ich wahrscheinlich eine Frage bekommen:)
Was möchtest du dann hören?
Ich fühle *ihn* nicht! Und es bringt mich auch nicht weiter!
Mein Selbst würde mich dann vielleicht fragen: *Wohin möchtest du denn?*
Ein möglicher Dialog, in dem mich mein Selbst auffordert, in mich zu gehen. Was möchte ich und was möchte ich nicht?
Schreiben Sie alles auf und alle Gedanken, die dem folgen. Ich kann mir nicht vorstellen, dass Sie nicht langsam immer mehr zu sich kommen. Nehmen Sie sich die Zeit für sich. So ein Gespräch dauert auch nicht allzu lang – so lang wie Sie wollen.
Das Einzige, wovon ich Ihnen abrate – zumindest am Anfang, letztlich können Sie machen, was Sie wollen – ist, das Selbst-Gespräch als eine Art Orakel zu verwenden. Ihre Zukunft ist jetzt. Auch sich Selbst über andere zu befragen, halte ich für *fragwürdig*. Es geht darum, dass Sie mit sich ins Reine kommen. Das Außen tut es von allein. Wenn Sie bei sich sind, kann kommen, was und wer mag... aber es wird immer wieder kommen, wenn es etwas mit Ihnen machen kann, was Sie nicht möchten. Ich habe Ihnen gezeigt, wie mein Gespräch mir vor meinem Pferdekauf hätte helfen können – hätte ich auf mich gehört... aber auch diese Erfahrung war wichtig für mich. Ich habe auch danach wieder Fehler gemacht. Früher hätte mich das echt aus den Latschen gekippt. Es tut es aber immer weniger und das macht mich geradezu glücklich über mich. Meine Wut auf mich und die Welt verraucht immer schneller und es gelingt mir, immer mehr über mich zu lachen. Wenn ich mies drauf bin, weiß ich zumindest, dass ich es mit mir selber ausmachen kann, dass da irgendetwas ist und ich eigentlich wirklich nicht ganz allein bin. Da bin immer noch Ich...
Zu den Themen, die ich hier als Channelingbeispiele beschrieben habe: Vor allem meine Mutter insistiert auf die Problematik „Partnerschaft und Internet". Einschlägige Erfahrungen holt sie sich aus „hallo deutschland"... Gut, auch ich habe schon mal in diversen Singlebörsen Angebote abgegeben und auch nachgefragt. Meine Klicks waren nicht wirklich

erfolgreich. Sobald die Fotos freigeschaltet wurden, kam entweder von meiner oder seiner Seite: „Du, ich muss jetzt schnell weg!"
Ich habe bei meinen Selbst-Gesprächen schon gemerkt, dass man manchmal Schwierigkeiten haben kann, die Hosen vor sich Selbst runterzulassen… Das Thema Partnerschaften ist so ein Thema bei mir. Selbst wenn etwas nicht da ist, kann es ein hervorragender Spiegel sein. Wenn etwas sehr tief vergraben ist, kann man schon mit der Fragestellung Probleme haben. Ich frage da so um den heißen Brei herum und ich will mir gar nicht zuhören, sondern beantworte meine Fragen schon gleich vorweg:
Liebes Da Drin,
jetzt habe ich schon das Problem, dass ich gar nicht weiß, was und wie ich zum Thema „Beziehung" oder „Partnerschaft" fragen soll. Einige Antworten glaube ich, schon zu wissen. Warum ich alleine bin, frage ich nicht – es würde dann kommen: Weil du es so willst.
Nicht ganz.
Sondern?
Weil du weit davon entfernt bist.
Wovon?
Von dir.
Heißt das, dass ich eben noch nicht *bei mir* bin und daher auch die anziehe, die es auch noch nicht sind?
Nicht ganz. Du bist nicht bei deiner Sache. Es bewegt dich nicht.
Ich muss dir recht geben. Das Thema Beziehung stellt sich mir momentan nicht… Das könnte ich fragen: Warum ist es mir nicht wichtig, ob ich noch einen Lebensgefährten finde oder warum ich keinen habe.
Du bist schon näher dran. Das ist aber auch noch nicht die richtige Frage.
Was wäre denn die richtige Frage?
Willst du lieben?
Da muss ich jetzt nachdenken… Ich habe die Liebe zu jemanden immer an Bedingungen geknüpft – also die bedingungslose Liebe kenne ich nicht. Die Frage zu beantworten, fällt mir daher schwer. Ich habe auch immer etwas vom anderen erwartet. Ich wüsste jetzt gar nicht, wie man

sich in einer Partnerschaft *richtig* verhält. Und ich weiß nicht, ob ich mich damit auseinander setzen möchte.
Du bist schon näher dran.
Ich habe mittlerweile einen sehr eigenartigen Lebensrhythmus. Es würde mir sehr schwerfallen, mich anzupassen. Und ja, ich tu mich sehr schwer, an die *Liebe* zu glauben...
Es fehlt noch etwas.
Meinst du meine Angst, dass es auch das nächste Mal nicht klappen könnte?
Bingo.
Weißt du, liebes Selbst, ich glaube, es gibt einige Menschen, die bleiben besser allein... und zu denen zähle ich mich...
Im Grunde deines Herzens tust du das aber nicht.
Das mag sein, aber im Grunde meines Herzens bin ich sehr, sehr froh, dass ich keine Beziehung brauche. Dass ich gelernt habe, allein zurecht zu kommen. Nicht traurig zu sein. Und diese Sicherheit, auch wenn sie wackelig ist, möchte ich nicht wieder zum Einstürzen bringen. Ich fühle mich auch schon etwas zu alt, um mich auf diese Spielchen einzulassen...
Die Liebe ist aber kein Spiel. Kein Hin und Her.
Aber auf und ab kommt da schon sehr viel vor...
Glaubst du, dass du gemeinsam mit jemandem Talfahrten überstehst?
Ehrlich gesagt - nicht so ganz. Nehmen wir mal an, ich würde gerne wieder einen Mann in meinem Leben haben. Was müsste ich mir bei mir anschauen? Sag jetzt bloß nicht, meinen Bauch!
Da hast du es aber. Du fühlst dich wieder mal nicht schön oder gut genug!
Mag schon sein, aber so eine Wampe ist ja nicht gerade anziehend. Und dann geht eben mein Spiel wieder los. Ich will abnehmen. Dann sag ich mir aber wieder: Du musst dich annehmen – die inneren Werte zählen usw. Dann glaub ich das aber wieder nicht. Und ich komme total aus meinem mir so hart erkämpften Gleichgewicht – auch wenn es nur scheinbar ist. Und da drauf habe ich echt keinen Bock! Und jetzt bin ich da, wo ich gar nicht sein möchte: Ich werde grantig...

Was ärgert dich?
Dass du es immer wieder schaffst, meine Schwachstellen aufzudecken!
Ist das nicht der Sinn?
Bäh!
Mich nervt es, dass ich immer wieder an meinem Äußeren hängenbleibe – entweder ist es der Bauch oder meine Falten etc. Dann versuche ich mir einzureden, dass ich ja gar nicht so übel bin. Dann frage ich mich aber: Wo? Es ist schon klar, dass ich nicht erwarten kann, dass mich jemand toll findet, wenn ich auch an mir rumnörgle… Aber weißt du, das ist genau das, worauf ich eben keine Lust mehr habe. Mich damit auseinander zu setzten. Für mich allein stören mich mein Äußeres und auch meine Eigenheiten nicht. Aber wenn ich mir vorstelle, ich sollte jemandem gefallen, dann geht der ganze Scheiß wieder los. Auch die Kompromisse in einer Partnerschaft: Verständnis, Nettsein, dann aber wieder enttäuscht werden. Uah. Nein, danke! Hallo?
Ich höre dir zu und frage mich dann: Wozu?
Wozu du mir zuhörst?
Ja. Du weißt ja eh alles…
Hä?
Ich bin schon noch da. Aber du bist ganz woanders.
Was meinst du?
Tu nicht so. Im Grunde deines Herzen wartest du auf den Prinzen, der dich von dem Ganzen erlöst. Und, da du weißt, dass es ihn so nicht gibt, gibst du auf. Und das finde ich gar nicht gut.
Also, was soll ich tun? Bauchg mnastik?
Wäre ein Anfang.
Jetzt gehst aber auch du in die Äußerlichkeiten.
Nein, ich gehe an dich.
Was ist sonst noch?
Einiges. Schrittweise.
Ich weiß schon: Ich muss keine Partnerschaft haben, aber der Grund, warum ich keine Partnerschaft habe, sollten nicht meine *Schwächen* sein…
Das Thema „Schön oder gut genug“ werde ich angehen…
Da liegt etwas noch viel, viel tiefer.

Was denn?
Dein Du-Selbst.
Was?
Solange du dein Selbst nicht wirklich erkannt hast, bleibt es auch im Außen unentdeckt.
Dieser Satz hat mir sehr gefallen. Ich habe erwartet, dass mein Partner meine guten Seiten erkennen und sie schätzen sollen, obwohl ich eigentlich gar nicht gewusst habe, was und vor allem wer eigentlich dahinter steckt. In jedem von uns ist dieser göttliche Funke. Ein Licht, das man langsam, langsam immer mehr zum Strahlen bringen kann. Mein Selbst hat mir etwas später noch gesagt: Nähe ist die Freiheit, Sein zu-lassen. Das fand ich wegen der Doppelsinnigkeit ganz lustig.
Mir bleibt nur noch Ihnen viel Spaß und gute Unterhaltung beim Entdecken Ihres Selbst zu wünschen!